अद्यतन काव्य मंजरी

लखनऊ विश्वविद्यालय की बी.ए. तृतीय वर्ष
हिन्दी साहित्य के प्रथम प्रश्नपत्र हेतु स्वीकृत पाठ्यपुस्तक

अद्यतन काव्य मंजरी

UNIVERSITY OF LUCKNOW

सम्पादक
प्रो. रीता चौधरी
प्रो. सूरज बहादुर थापा

वाणी प्रकाशन

वाणी प्रकाशन

4695, 21-ए, दरियागंज, नयी दिल्ली 110 002

शाखा

अशोक राजपथ, पटना 800 004

फ़ोन : +91 11 23273167 फ़ैक्स : +91 11 23275710

www.vaniprakashan.in
vaniprakashan@gmail.com
sales@vaniprakashan.in

ADYATAN KAVYA MANJARI
Edited by Prof. Reeta Chaudhary
Prof. Suraj Bahadur Thapa

ISBN : 978-93-87889-80-4

© 2018 सुरक्षित

प्रथम संस्करण

मूल्य : ₹ 95

इस पुस्तक के किसी भी अंश को किसी भी माध्यम में प्रयोग करने के लिए प्रकाशक से लिखित अनुमति लेना अनिवार्य है।

सिटी प्रेस, दिल्ली-110 095 में मुद्रित

वाणी प्रकाशन का लोगो मक़बूल फ़िदा हुसेन की कूची से

प्राक्कथन

कोई भी बड़ा कवि अपनी कविताओं के कैनवस में जीवनानुभवों का एक व्यापक कलेवर प्रस्तुत करता है, जिसमें जीवन के विविध रंग समाहित होते हैं। यह आवश्यक नहीं कि उसके इस कैनवस के समस्त रंग सभी को पसन्द आयें ही आयें। अतएव पाठकों को यह छूट मिलनी चाहिए कि वह अपने प्रिय कवियों को अपनी रुचि के रंगों में देखें। सम्पादक भी एक पाठक होता है। इसलिए उसे भी इस आधार पर कवि की कविताओं को प्रस्तुत करने की छूट मिलनी चाहिए पर ध्यातव्य है कि एक सम्पादक का देश, समाज और अकादमिक दुनिया के प्रति वृहत्तर उत्तरदायित्व होता है। अतएव उसकी आत्मनिष्ठता को सार्वभौम विवेक की वस्तुनिष्ठ कसौटी पर खरा उतरना चाहिए। ऐसे में जब सम्पादन का कार्य विद्यार्थियों के अध्ययन के लिए पाठ्यक्रम निर्माण के निमित्त हो तो सम्पादकों की जिम्मेदारी और अधिक बढ़ जाती है, क्योंकि विद्यार्थी ही देश और समाज के भविष्य के निर्माता होते हैं और देशहित में हमें लोकतान्त्रिक तथा वैज्ञानिक चेतना सम्पन्न ऐसे नागरिकों की आवश्यकता है जिनकी समता, स्वतन्त्रता, मुक्ति, बन्धुत्व, सानाजिक न्याय, स्त्रियों के सम्मान और मानवतावादी सामाजिक सरोकारों के प्रति गहरी आस्था हो। पाठ्यक्रम का निर्माण देश के नागरिकों के निर्माण की प्रक्रिया से जुड़ा हुआ है। अतएव उससे सम्बद्ध सम्पादन कार्य को भी संविधानसम्मत मूल्यों के प्रति प्रतिबद्ध होना ही चाहिए। चूँकि 'कविता भाषा में आदमी होने की तमीज़' है तो सम्पादक के तौर पर हमने ऐसी कविताओं का संग्रह प्रस्तुत करने का प्रयास किया है, जो हमारे भावी नागरिकों को 'आदमी होने की तमीज़' सिखाए। चयनित कविताओं में भारत का बहुसांस्कृतिक जीवन, उसकी बुनियादी सामाजिक समस्याएँ और देश की जनता के प्रति लोकतान्त्रिक उत्तरदायित्व की भावनाएँ मूल रूप से मुखरित हो पायें, इसका विशेष ध्यान रखा गया है। कलात्मक अभिरुचि के साथ-साथ उन्नत सामाजिक विचार इस

काव्य-संग्रह के चयन या निर्माण का मूलाधार हैं। प्रकृति में भाँति-भाँति के पुष्प हैं पर इस काव्य-संग्रह को एक ऐसे काव्य रूपी पुष्प-गुच्छ के रूप में प्रस्तुत करने का प्रयास किया गया है, जिसमें बहुरंगी जीवन के साथ जीवनादर्शों और मूल्यों की सर्वोत्तम खुशबू प्राप्त हो सके।

इस काव्य संग्रह में पाठ्यक्रमानुसार क्रमशः आठ कवियों—अज्ञेय, शमशेर, नागार्जुन, मुक्तिबोध, भवानीप्रसाद मिश्र, धर्मवीर भारती, रघुवीर सहाय और सुदामा पांडेय 'धूमिल' की कविताओं का चयन किया गया है।

संवदेना और अभिव्यक्ति के धरातल पर प्रायः इन चयनित कवियों में से नागार्जुन और भवानीप्रसाद मिश्र को सहज-सरल, शमशेर और मुक्तिबोध को कठिन, अज्ञेय-धर्मवीर भारती को कलात्मक शब्द-शिल्पी, रघुवीर सहाय को खबरधर्मी तथा धूमिल को सपाट बयानीवाला भदेस कवि मान लिया जाता है। कहने की आवश्यकता नहीं कि इन कवियों के सम्बन्ध में ऐसी धारणाओं की निर्मिति एक प्रकार का सरलीकरण ही है। हमें समझना होगा कि सबसे कठिन होता है—सहज और सरल होना। नागार्जुन और भवानी जी की कविताएँ उस सहज-सरल फसल की भाँति हैं जो जीवन की पथरीली और बंजर भूमि को कठिन संघर्षों से उर्वर बना कर प्राप्त होती हैं। उनकी सहजता के पीछे जीवनानुभवों की जो कठोरता और कठिनाइयाँ हैं, उनकी अनदेखी कदापि नहीं की जा सकती। सहज-सरल नागार्जुन और भवानी जी की काव्य-संवेदनाओं को जरा अपने जीवन में उतारने की कोशिश कर के देखिए, फिर पता चलेगा कि वे कितने कठोर और दुर्धर्ष हैं। उनकी कविताओं के सहज-सरल 'रूप' के भीतर निहित अन्तर्वस्तुगत कठोरता को भाँपने के लिए उनकी कविताओं को गुनगुनाने की जगह, गुनने की जरूरत है।

इसी प्रकार शमशेर और मुक्तिबोध की रचनाएँ-बोध के स्तर पर कठिन प्रतीत होती हैं, पर वास्तविकता ऐसी नहीं है। काव्य-विषयक पुरानी अवधारणाओं के साथ उनकी कविताओं का अर्थापन हमेशा कठिन होगा। उनकी नयी काव्य-दृष्टि को उसी के धरातल पर उतर कर देखने-समझने से उसकी कठिनता कपूर की भाँति वाष्पित होकर गायब हो जाती है। इन कवियों की रचनाएँ उस नारियल फल के समान हैं जो ऊपर से रुक्ष और कठोर तो होते हैं पर अन्दर से उतनी ही सुस्वादु, कोमल और तरल। वस्तुतः नये जीवन की जटिल परिस्थितियों को उसकी जटिल समग्रता में प्रस्तुत करने के प्रयत्न में ही इनकी कविताओं पर बौद्धिकता का कठोर आवरण चढ़ पाया है, लेकिन अन्ततः यह काव्यगत कठोरता जीवनगत कोमलताओं

को प्राप्त और व्यक्त करने हेतु ही है। शमशेर और मुक्तिबोध की रचनाओं का अर्थापन करने के पश्चात् वैसी ही खुशी मिलती है, जैसे गणित के कठिन प्रश्नों को हल करने के बाद। मुक्तिबोध और शमशेर जीवन और व्यवस्था की गणितबाजी से टकराकर जीवन का सहज-सरल, शीतल और शान्तिमय हल ढूँढ़ने का प्रयास करते हैं, इसे समझने की आवश्यकता है।

कहने को तो अज्ञेय और धर्मवीर भारती शब्द-शिल्पी हैं, रहस्योन्मुख अस्तित्ववादी कला साधक हैं पर क्या उनके अन्दर का शिल्पी और कला-साधक जीवन की कुरूपताओं का सामना कर उसे सुन्दर और सन्तुलित बनाने का प्रयास कदापि नहीं करता? वह जीवन-यथार्थ के परे वायवीय दुनिया के काल्पनिक सौन्दर्यालोक में डूबा रहता है? —इसकी गहराई से पड़ताल की जानी चाहिए। ऐसा नहीं है कि इन कला-साधक कवियों के गढ़े शब्द मानवीय सरोकारों से नितान्त परे हैं। सच्चाई तो यह है कि जीवन-सत्य उनके काव्य में व्यक्ति-सत्य के रूप में मानवीय सरोकारों से जुड़कर उसके सतह पर छलक-छलक उठता है, इसे अन्दर की आँखों से देखना चाहिए।

इसी प्रकार रघुवीर सहाय की 'खबरधर्मी' कविताएँ आखिर किसकी खबर लेती और देती हैं और किसको खबरदार करती हैं? जाहिर है कि यह आम जनता की खबर देती हैं, जनता को लूटने वालों की खबर लेती हैं और लोकतान्त्रिक मूल्यों के प्रति शासकों और शासितों को खबरदार करती हैं। जनतान्त्रिक मूल्यों से पूरी तरह बेखबर इस समाज में ऐसे 'खबरधर्मी' कवि और कविता की नितान्त आवश्यकता और प्रासंगिकता है।

धूमिल की कविता भी बहुतों के गले से नीचे नहीं उतर पाती। उन्हें लोग सहजता से स्वीकार नहीं कर पाते। उन पर भदेसपन, अश्लीलता, विचार विशेष की पैरोकारी और अराजक होने के आरोप लगाये जाते हैं, पर सबसे बड़ा सवाल यह है कि क्या उन्होंने संविधान और कानून के दायरे से बाहर जाकर बातें की हैं? उनकी कविताओं से उन्हें परेशानी है, जो देश में लोकतान्त्रिक व्यवस्था के बदले सामन्ती और पूँजीवादी यथास्थितिवाद के हिमायती हैं। सामाजिक प्रताड़नाओं से त्रस्त एक दिलजले कवि की जुबान बाहर से कड़वी अवश्य है, पर अन्दर से वह गहरी मानवीय संवेदनाओं और कोमलताओं से परिपूर्ण है। धूमिल ने ही कविता को 'आदमी होने की तमीज़' कहा है और उनका काव्य आदमी गढ़ने की महान क्रिया का सुन्दर निदर्शन है।

कहने का तात्पर्य यह है कि कवि और उसकी कविता को बनी-बनाई

धारणाओं के आलोक में न देखकर, उन्हें परखने का अपना नजरिया हमें बदल डालना चाहिए। कविता को पढ़ने के बजाय उसे गुनने की आदल डाले बिना ऐसा कर पाना सम्भव नहीं है। कविता को देखना तो अपनी आँखों से ही चाहिए पर दूसरों की 'आँखिन देखी' से द्वन्द्वात्मक सम्बन्ध बनाना भी आवश्यक है। द्वन्द्वात्मक दृष्टि के बिना न तो आधुनिक दृष्टि ही सम्भव है और न उत्तर-आधुनिक। विवेच्य संकलन में चयनित कवियों की ऐसी कविताओं को लेने का प्रयास किया गया है जो उनके सम्बन्ध में पूर्व निर्मित, स्थापित और रूढ़ मान्यताओं के बरअक्स उनके रचनात्मक व्यक्तित्व के दूसरे पहलुओं को भी सामने ला सकें ताकि उनके काव्यलोचन के अन्य आयाम भी खुल कर सामने आ पायें। समस्त कवियों को उनकी अन्तर्विरोधी और जटिल समग्रता के तनावों और द्वन्द्वों के साथ देखने पर ही कविता को गुनने की क्षमता पायी जा सकती है।

इस संकलन में चयनित कवियों का जीवन-परिचय प्रो. रीता चौधरी ने और 'पूर्वपीठिका' प्रो. सूरज बहादुर थापा ने लिखा है। काव्य-चयन एवं काव्यार्थापन लेखन में सम्पाकद्वय की सहमति एवं सहभगिता समान रूप से है। प्रस्तुत काव्य-संकलन के लेखन, सम्पादन एवं प्रकाशन में हमें जिन्होंने सहयोग प्रदान किया, हम हृदय से उनके प्रति आभारी हैं। हमें पूर्ण विश्वास है कि विद्यार्थियों के साथ-साथ स्वातन्त्र्योत्तर कविता में दिलचस्पी रखने वाले सुधी पाठक हमारे इस प्रयास से लाभान्वित होंगे।

प्रो. रीता चौधरी

प्रो. सूरज बहादुर थापा

हिन्दी तथा आधुनिक भारतीय भाषा विभाग,

लखनऊ विश्वविद्यालय, लखनऊ

अनुक्रमणिका

पूर्वपीठिका

1.

स्वातन्त्र्योत्तर हिन्दी कविता का विकास-क्रम न तो सीधा-सपाट है और न इकहरा। गहराई से पड़ताल करने पर यह स्पष्ट रूप से परिलक्षित होता है कि इस कालावधि में एक ही साथ एकाधिक और परस्पर विरोधी काव्य-प्रवृत्तियाँ कभी तो बिल्कुल अलग-अलग और कभी द्वन्द्वात्मक सम्बन्ध बनाती हुई अपनी विकास-यात्रा करती हैं। यह भी लक्षित किया जा सकता है कि एक ही काव्य-प्रवृत्ति के अन्दर अन्तर्विरोधी स्थितियाँ भी विद्यमान हैं। अतएव उदाहरणों के माध्यम से विवेचन किया जाये तो विवेच्य काल में हिन्दी कविता के विकास की रूपरेखा और अधिक स्पष्ट हो जाएगी।

यह तो सर्वविदित है कि हिन्दी कविता में प्रगतिवाद का प्रादुर्भाव स्वतन्त्रता से पूर्व सन् 1936 में ही हो चुका था। आज़ादी के समय तक यह काव्यान्दोलन वैचारिक और रचनात्मक-दोनों ही धरातलों पर पर्याप्त रूप से सुदृढ़ और परिवक्व हो चुका था। इस काव्यान्दोलन में परम्परागत और रूढ़िग्रस्त भारतीय समाज तथा संस्कृति के प्रति जिस प्रकार की आक्रामकता और उच्छेदवादी दृष्टि विद्यमान थी, आज़ादी के कुछ वर्षों पूर्व ही हिन्दी कविता में उसकी प्रतिक्रिया झलकने लगी थी। प्रगतिवाद के यथार्थवादी, समाजोन्मुखी और श्रमजन्य सौन्दर्यबोध के बरअक्स व्यक्तिवादी-कलावादी काव्य-दृष्टि के उद्‌भव की सुगबुगाहट सन् 1943 में दिखाई देने लगती है। इस नयी काव्य-चेतना के अग्रदूत सच्चिदानन्द हीरानन्द वात्स्यायन 'अज्ञेय' थे। 'अज्ञेय' छायावादी और प्रगतिवादी—दोनों काव्य-दृष्टियों से सन्तुष्ट और सहमत न थे तथा वे हिन्दी कविता को एक नयी दिशा प्रदान करना चाहते थे। इसी उद्देश्य की पूर्ति हेतु उन्होंने सन् 1943 में 'तार-सप्तक'; का सम्पादन किया। इसकी अगली कड़ियों के रूप में उन्होंने सन् 1951, 1959

और 1979 में क्रमशः दूसरे, तीसरे और चौथे 'सप्तक'; का भी सम्पादन किया। इसमें कोई सन्देह नहीं कि इन 'सप्तकों' के प्रकाशन से हिन्दी कविता को नयी दशा और दिशा प्रदान करने के अपने उद्देश्य में उन्हें पूरी सफलता प्राप्त हुई पर इसके साथ एक अन्य महत्त्वपूर्ण घटना भी घटित हुई। लगभग साथ-साथ चलने के कारण 'प्रगति' और 'प्रयोग' के अन्तर्द्वन्द्व से हिन्दी कविता का विकास जटिल और बहुआयामी हो गया। इसे स्पष्ट किए बिना स्वातन्त्र्योत्तर हिन्दी कविता के विकास को समझ पाना कठिन होगा।

वस्तुतः 'अज्ञेय' द्वारा सम्पादित 'तार-सप्तक' (1943) और 'दूसरा सप्तक' (1951) का अपना ऐतिहासिक महत्त्व है, क्योंकि 'तारसप्तक' से प्रयोगवाद और 'दूसरा सप्तक' से 'नयी कविता' का प्रारम्भ माना जाता है। 'तीसरा सप्तक' (1959) को 'नयी कविता' के उत्कर्ष के रूप में देखा जाता है। यहाँ इस तथ्य को ध्यान में रखना चाहिए कि 'प्रयोगवाद' और 'नयी कविता' के पहले से ही प्रगतिवाद हिन्दी काव्यधारा में मौजूद था और वह भी इनके साथ-साथ चला, कभी अलग होकर तो कभी इनसे टकराते हुए घुल-मिलकर। वह बीच में ही विलुप्त या समाप्त नहीं हो गया। इसलिए स्वातन्त्र्योत्तर हिन्दी कविता के विकास को प्रगतिवाद, फिर प्रयोगवाद और फिर 'नयी कविता' के कालक्रम में समझना, उसके विकास के स्वरूप को सरलीकृत करना होगा। सच तो यह है कि 'प्रगति' और 'प्रयोग' कभी एक-दूसरे से मिलते और कभी एक-दूसरे को काटते बराबर साथ चलते रहे। 'नयी कविता' और कुछ नहीं, उनके सम्बन्धों का यौगिक रूप ही तो है। 'तारसप्तक' के बाहर अज्ञेय की ही पीढ़ी के नागार्जुन और केदारनाथ अग्रवाल प्रगतिवादी काव्य-रचना करते रहे। इनके अलावे शिव मंगल सिंह सुमन (1916), त्रिलोचन शास्त्री (1917), रांगेय राघव (1923) भी प्रगतिवाद से सम्बद्ध रहे। इन कवियों ने प्रगतिवाद की अलग और समानान्तर काव्यधारा को आगे बढ़ाया। इनमें अज्ञेय के 'प्रगतिवाद' और 'नयी कविता' की धारा से जुड़ने के प्रति कोई विशेष आग्रह या लगाव का भाव नहीं दिखाई देता। अस्तु, यहाँ 'प्रगति' की 'प्रयोग' से अलग धारा दृष्टिगत होती है पर 'प्रगति' और 'प्रयोग' का सह-अस्तित्व भी उस काल में दिखाई पड़ता है। 'अज्ञेय' ने 'तारसप्तक' में जिन सात कवियों का चयन किया, उनमें अज्ञेय और गिरिजाकुमार माथुर को छोड़कर अन्य पाँच कवियों ने अपने को मार्क्सवादी घोषित किया और वे साम्यवादी विचारधारा की ओर झुके रहे। इस प्रकार प्रगतिवाद की एक काव्यधारा 'तारसप्तक' के बाहर थी और और उसकी एक धारा इस संकलन में शामिल कवियों की भी थी। यह कहने

की आवश्यकता नहीं कि मुक्तिबोध की 'पूँजीवाद समाज के प्रति', नेमिचन्द्र जैन की 'कवि गाता है', भारतभूषण अग्रवाल की 'अपने कवि से', और जागते रहो', प्रभाकर माचवे की—'निम्न मध्यवर्ग' और 'बीसवीं सदी' तथा रामविलास शर्मा की 'विश्वशान्ति' जैसी कविताओं में साम्यवादी विचारधारा स्पष्ट रूप से दिखाई देती है। 'अज्ञेय' ने भी 'जनसड़ान' शीर्षक कविता में 'लाल आग मेरे भावी गौरव का पथ है' जैसी पंक्ति लिख डाली। यही कारण है कि जगदीशचन्द्र गुप्त जैसे आलोचक 'प्रयोगवाद' की उत्पत्ति 'प्रगतिवाद' की कोख से हुई मानते हैं। यहाँ 'प्रगति' और 'प्रयोग' के बीच एक-दूसरे से घुल-मिलकर चलने की प्रवृत्ति दिखाई देती है। घोषित रूप से इन पाँच प्रगतिशीलों का प्रयोगवाद में आना इसलिए सम्भव हो पाया कि वे वैचारिक नारेबाजी और तरानेबाजी से इतर उच्चस्तर पर प्रगतिशील काव्य का सृजन करना चाहते थे। उनमें प्रगतिवादी सिद्धान्तों के प्रति आग्रह का भाव था और पर वे अपने व्यक्तित्व को साथ लेकर नये जीवन-यथार्थ का भी साक्षात्कार करना चाहते थे। 'एकत्र' काव्य-संकलन की भूमिका में डॉ. बच्चन सिंह ने लिखा है कि 'यथार्थ की चर्चा' 'तारसप्तक' में भी की गयी थी। अज्ञेय ने 'व्यक्ति सत्य' और 'सामाजिक सत्य' का सवाल उठाया था। 'तारसप्तक' के कवियों ने सैद्धान्तिक स्तर पर दोनों के सामंजस्य को स्वीकार किया। इसी कारण 'तारसप्तक' के जिन पाँच कवियों ने स्वयं को मार्क्सवादी घोषित किया था, कालान्तर में रामविलास शर्मा और मुक्तिबोध को छोड़कर सभी ने अपनी घोषणाएँ वापस ले ली थीं। इससे सहज रूप से पता चलता है कि उस समय तक भिन्न-भिन्न विचारधाराओं के कवियों के बीच सहअस्तित्व की भावना विद्यमान थी। बाद में मार्क्सवादियों और गैर-मार्क्सवादियों के बीच अलगाव उत्पन्न हो गया। इसका कारण बताते हुए मुक्तिबोध ने 'समीक्षा की समस्याएँ' शीर्षक लेख में लिख है कि 'किसी जमाने में प्रयोगवादी कविता प्रगतिवाद के अधिक निकट थी किन्तु प्रगतिवादियों ने उसकी खूब उपेक्षा की। जो अपने से भिन्न है, वह अपना विरोधी भी है। जो काव्य अपने साँचे में ढला हुआ नहीं है, वह गलत भी है, असुन्दर भी है, प्रतिक्रियावादी भी है। इस प्रकार का सोच-विचार समीक्षकों की मानव-यथार्थ से दूरी, लम्बे-चौड़े फासले सूचित करता है।' 'दूसरा सप्तक' में 'प्रगति' और 'प्रयोग' के बीच दूरियाँ बढ़ जाती हैं। डॉ. रामविलास शर्मा का मत है कि 'तारसप्तक' यथार्थवादी के निकट था तो 'दूसरा सप्तक' अपनी मूल भावना में यथार्थवाद-विरोधी। उनका मत है कि प्रयोगवादी आन्दोलन प्रगतिवाद की जनवादी और यथार्थवादी चेतना को नष्ट करने के लिए योजनाबद्ध तरीके से

चलाया गया था। अज्ञेय ने 'राही नहीं, राहों के अन्वेषी' का नारा कवियों को सत्य से विचलित करने के लिए दिया। इसके पीछे उनका मूल उद्देश्य अभिजात्यवादी और पूँजीवादी मूल्यों की कविता में स्थापना और रक्षा का था। उन्होंने कविता में 'व्यक्ति स्वातन्त्र्य' की ओट में प्रकारान्तर से व्यक्तिवादी मूल्यों का पोषण किया तथा साहित्य में 'कला कला के लिए' की भावना को बढ़ावा दिया। हालाँकि मुक्तिबोध भी 'तारसप्तक' को यथार्थवादी कविताओं का और 'दूसरा सप्तक' को प्रगीतात्मक कविताओं का संग्रह मानते हैं, फिर भी, वे 'नयी कविता' के विरोधी नहीं हैं। उन्होंने निःसंकोच अपने आप को प्रयोगवाद और 'नयी कविता' के साथ जोड़ा है। हाँ, यह अवश्य है कि नयी कविता में अन्तर्विरोध लक्षित करते हैं और उसमें यथार्थवादी स्वर को और भी सुदृढ़ करने पर बल प्रदान करते हैं। अतएव यह कहा जा सकता है कि 'प्रगति' और 'प्रयोग' के सम्बन्ध जटिल हैं और उनके बीच सम्बन्धों का आनुपातिक पैमाना परिवर्तित होता रहता है। प्रगति-प्रयोग के ऐसे सम्बन्धों की द्वन्द्वात्मकता से ही 'नयी कविता' के उद्‌भव का मार्ग प्रशस्त हुआ है। 'तारसप्तक' और 'दूसरा सप्तक' की भूमिकाओं में व्यक्त अज्ञेय के निम्नलिखित विचारों से भी प्रयोगवाद को समझने में सहायता मिलती है–

- ''तारसप्तक'' में सात कवि संगृहीत हैं। सातों एक-दूसरे से परिचित हैं–बिना इसके इस ढंग का सहयोग कैसे होता किन्तु इससे यह परिणाम न निकाला जाये कि वे कविता के किसी एक 'स्कूल' के कवि हैं। या कि साहित्य जगत के किसी गुट अथवा दल के सदस्य या समर्थक हैं।
- ऐसा होते हुए भी वे एकत्र संगृहीत हैं, इसका कारण...काव्य के प्रति एक अन्वेषी का दृष्टिकोण उन्हें समानता के सूत्र में बाँधता है।
- ''तारसप्तक'' की कविता वैसी जड़ाऊ नहीं है वह वैसी हो भी नहीं सकती।
- प्रयोग का कोई वाद नहीं है। हम वादी नहीं रहे, नहीं हैं। न प्रयोग अपने आप में इष्ट या साध्य है। ठीक इसी तरह कविता को कोई वाद नहीं है, कविता भी अपने आप में इष्ट या साध्य नहीं है। अतः हमें 'प्रयोगवादी' कहना उतना ही सार्थक या निरर्थक है जितना हमें 'कवितावादी' कहना।

(दूसरा सप्तक)

- प्रयोग अपने आप में इष्ट नहीं है, वह साधन है। और दोहरा साधन

है। क्योंकि एक तो वह उस सत्य को जानने का साधन है जिसे कवि प्रेषित करता है, दूसरे वह उस प्रेषण की क्रिया को और उसके साधनों को जानने का भी साधन है। ...वस्तु और शिल्प दोनों के क्षेत्र में प्रयोग फलप्रद होता है।

(दूसरा सप्तक)

- प्रयोग का हमारा कोई वाद नहीं है, इसको और भी स्पष्ट करने के लिए एक बात हम और कहें। प्रयोग निरन्तर होते आये हैं और प्रयोगों के द्वारा ही कविता या कोई कला, कोई भी रचनात्मक कार्य आगे बढ़ सका है। जो यह कहता है कि मैंने जीवनभर प्रयोग नहीं किया वह वास्तव में, यही कहना चाहता है कि मैंने जीवनभर कोई रचनात्मक कार्य नहीं करना चाहा।

(दूसरा सप्तक)

निष्कर्षतः डॉ. नन्दकिशोर नवल के शब्दों में कहा जा सकता है कि–"प्रयोगवाद न 'बुद्धिवाद' का पर्याय है, न रूपवाद का और न व्यक्तिवाद का। बाद में तो कुछ आलोचकों ने इसे आधुनिकतावाद की प्रस्तावना के रूप में व्याख्यायित करना चाहा है। ऐसा नहीं है कि हिन्दी कविता में कभी उक्त वादों का स्वर सुनाई नहीं पड़ा, लेकिन वास्तविकता यह है कि प्रयोगवाद वह यथार्थवाद है, जिसकी कोई रूढ़ वा पूर्वनिर्धारित प्रणाली नहीं थी। इसमें मार्क्सवाद से भी प्रभावित कवि हैं और आधुनिकतावाद से भी, लेकिन ये सारे कवि ऐसे हैं, जिन्होंने अपना विकास यथासम्भव स्वतन्त्र ढंग से किया है। स्वभावतः इनके भाव-बोध और कला दोनों में वैसा ही फर्क है, जैसा सच्चे सृजनशील कवियों में आपस में होता है।" (पृ. 37, आधुनिक हिन्दी कविता)

संक्षेप में प्रयोगवाद की प्रवृत्तियों को निम्नवत् रेखांकित किया जा सकता है–

1. विचारधारा से मुक्ति,
2. सत्य के खोज की प्रवृत्ति,
3. व्यक्ति स्वातन्त्र्य,
4. छद्म बौद्धिकता,
5. प्रयोग का आग्रह,

6. परम्परा की ऐतिहासिक समझ,
7. शिल्पगत चमत्कार और रूपवादी रुझान,
8. नये बिम्बों, प्रतीकों, उपमानों का प्रयोग,
9. काव्य भाषा और सम्प्रेषणीयता पर बल,
10. लोकधुनों का प्रयोग।

2.

प्रयोगवाद और नयी कविता के सम्बन्धों को लेकर थोड़ी भ्रम की स्थिति है। अतएव इसे स्पष्ट कर लेना आवश्यक है। कुछ प्रश्न हैं जिनके साफ़-सुथरे उत्तर हमें ढूँढ़ लेने चाहिए। पहला प्रश्न तो यही है कि क्या प्रयोगवाद ही 'नयी कविता' है और आगे चलकर प्रयोगवाद ही सिर्फ नाम परिवर्तित कर 'नयी कविता' बन गया? दूसरा प्रश्न यह है कि क्या 'नयी कविता' प्रयोगवाद से प्रवृत्यात्मक रूप से भिन्न एक नयी काव्यधारा है? तीसरा प्रश्न है कि फिर प्रयोगवाद और 'नयी कविता' में क्या-क्या समानताएँ और असमानताएँ हैं? वे कौन से बिन्दु हैं, जहाँ दोनों एक-दूसरे से विलग होते हैं? इन्हीं प्रश्नों के परिप्रेक्ष्य में आगे प्रयोगवाद और नयी कविता के अन्तर्सम्बन्धों की पड़ताल की जायेगी।

डॉ. नामवर सिंह की प्रसिद्ध पुस्तक 'आधुनिक साहित्य की प्रवृत्तियाँ' में निहित 'प्रयोगवाद' शीर्षक अध्याय को देखकर ऐसा प्रतीत नहीं होता कि वे प्रयोगवाद और 'नयी कविता' में कोई विशेष अन्तर मानते हैं। इस अध्याय में वे 'तार-सप्तक' के कवियों के साथ दूसरे सप्तक के कवियों पर 'प्रयोगवाद' के अन्तर्गत ही विचार करते हैं। एक स्थान पर तीसरे 'सप्तक' के कवि सर्वेश्वर का भी नाम लिया गया है।

डॉ. बच्चन सिंह अपने 'आधुनिक हिन्दी साहित्य का इतिहास' में लिखते हैं—" 'दूसरा सप्तक' 1951 में प्रकाशित हुआ। इस समय तक कविता को नयी कविता कहा जाने लगा। प्रयोगवादी कविता और नयी कविता के पारस्परिक सम्बन्धों को लेकर विवाद खड़ा हुआ। कुछ लोगों ने कहा कि नयी कविता प्रयोगवादी कविता का परिष्कृत रूप है। कुछ के विचार से नयी कविता अज्ञेय के प्रयोगवाद से मुक्ति का प्रयास है। वस्तुतः तीनों सप्तक एक ही काव्यान्दोलन के तीन सोपान हैं।" इसी क्रम में वे 'हिन्दी साहित्य का दूसरा इतिहास' में लिखते हैं—" 'दूसरा सप्तक' के प्रकाशन के साथ प्रयोगवाद नयी कविता में रूपान्तरित

हो जाता है। 'नयी कविता' में नया भी अज्ञेय का ही दिया हुआ है। सन् 1952 में पटना रेडियो से उन्होंने इसकी घोषणा की थी।''

इन वक्तव्यों से निकलने वाले निष्कर्षों पर विचार कर लेना चाहिए। पहले तो तीनों 'सप्तकों' को एक ही काव्यान्दोलन के अन्तर्गत माना गया पर साथ में तीनों को इसके विभिन्न सोपनों या चरणों का पर्याय बताया गया। इसका अर्थ यह हुआ कि चरणबद्ध रूप से कुछ-न-कुछ परिवर्तन अवश्य घटित हुआ। 'रूपान्तरण' 'परिष्कृत रूप' और 'मुक्ति का प्रयास' जैसे शब्द भी 'रूप' और 'वस्तु' के स्तर पर होने वाले बदलाव की ओर संकेत करते हैं। इससे यह भी इंगित होता है कि सिर्फ नाम नहीं बदल रहा था अपितु दृष्टिकोण में भी भिन्नता आ रही थी। डॉ. सिंह तीनों सप्तकों को एक ही काव्यान्दोलन के तीन चरण भले ही मानें पर इस बात से इनकार नहीं किया जा सकता कि परिष्कार और मुक्ति के प्रयास में नयी कविता प्रयोगवाद से अलग होने लगी थी। उन्होंने 'दूसरा इतिहास' में लिखा भी है कि 'वास्तव में नयी कविता प्रगतिवाद और प्रयोगवाद के अतिवादी छोरों को मिलाने वाली रेखा के किसी बिन्दु पर होती है। यह बिन्दु मध्य बिन्दु के इधर भी हो सकता है और उधर भी।' उनकी दृष्टि में 'दूसरा इतिहास' का प्रत्येक कवि प्रगतिशील और प्रयोगवादी दोनों है। अतएव यह कहा जा सकता है कि नयी कविता प्रयोगवाद के 'रूप' और प्रगतिवाद के 'वस्तु' का एक संश्लिष्ट और यौगिक रूपान्तरण है जिसमें 'रूप' और 'वस्तु' का अनुपात और उसका स्वरूप कवि दर कवि परिवर्तित होता रहता है। काव्य का 'रूप' क्या हो और उसकी 'वस्तु' कैसी हो? इस सम्बन्ध में अन्तिम निर्णय स्वयं कवि का होता है। शमशेर के उदाहरण से इस बात को भलीभाँति समझा जा सकता है। शमशेर प्रगतिवादी 'वस्तु' के प्रति भले आग्रह रखते हों पर यह 'वस्तु' ही उनकी कविता की एकमात्र वस्तु नहीं है। इसी तरह प्रगतिशील होने की घोषणा के बावजूद वे प्रयोगशील हैं। शमशेर की कविता में नयी कविता के मिजाज के अनुरूप प्रगति और प्रयोग का अद्भुत यौगिक और संश्लिष्ट स्वरूप दिखाई देता है। मुक्तिबोध के साथ रघुवीर सहाय और केदारनाथ सिंह भी इस सन्दर्भ में अति महत्त्वपूर्ण हैं। इनके यहाँ 'रूप' और 'वस्तु' अलग-अलग नहीं, घुले-मिले रचनात्मक इकाई की तरह प्रकट होते हैं।

डॉ. कृष्णदत्त पालीवाल (आधुनिक साहित्य- II (5), इग्नू) की भी स्पष्ट मान्यता है कि 'नयी कविता आन्दोलन का प्रयोगवाद से निकट का रिश्ता है किन्तु नयी कविता को प्रयोगवाद का पर्याय मानना गलत है। वस्तुतः आगे चलकर प्रयोगवाद और प्रगतिवाद जिस नये काव्य-आन्दोलन में घुल-मिल

गये—"वह नयी कविता" है। और महीन-भेद उभरने पर दो तरह की 'नयी कविता' हो गयी—आधुनिकतावादी नयी कविता-प्रवर्त्तक अज्ञेय, दूसरी साम्यवादी-जनवादी-प्रगतिशील नयी कविता-प्रवर्त्तक गजानन माधव मुक्तिबोध। उन्होंने प्रश्न उठाया है कि प्रयोगवाद मे "राहों के अन्वेषण" का क्या अर्थ है? इसका सम्भवतः उत्तर यही है कि कठिन होते कवि-कर्म की समस्या से जूझते हुए "सम्प्रेषणीयता" के मार्गों का अन्वेषण। अन्वेषण यह, कि राह शब्दों-बिम्बों- प्रतीकों-लयों के बोध से निकाली जा सकती थी। इसीलिए ये सभी कवि शिल्प या रूप-विधान की ओर बढ़ते गये। इन कवियों की प्रयोगात्मक वृत्ति ने उन तमाम रूढ़ियों के विरुद्ध संघर्ष किया जो आधुनिक जीवन की गहन, जटिल मनःस्थितियों -अनुभूतियों को मूर्त करने में बाधक हो रही थीं। शिल्प पर ज्यादा बल देने के कारण ही प्रयोगवाद को रूपवादी (फार्मलिस्ट) कहा जाता है। पर नयी कविता ने प्रयोगवाद के इस रूपवादी-चमत्कारवादी मोह से विद्रोह किया है। इसी दृष्टि से प्रयोगवाद तथा नयी कविता पर्याय नहीं हैं—दो भिन्न दृष्टि के काव्य-आन्दोलन हैं। ऐतिहासिक दृष्टि से विचार करने पर यह तथ्य साफ़ उभर कर सामने आ जाता है कि सन् 1950 तक प्रयोग की ऐकान्तिक वृत्ति के प्रति आकर्षण कम हो गया। कविता अब चमत्कारी-रूपवादी रूढ़ियों के बन्धनों को तोड़कर पूरे जीवन को सामने लाने का संघर्ष करने लगी तो उसके लिए एक नये नाम की जरूरत महसूस की गयी। सर्वप्रथम अज्ञेय जी ने इस काव्य-प्रवृत्ति को 'नयी कविता' नाम (आज का भारतीय साहित्य, पृ. 403) देने का प्रस्ताव किया। संयोगवश यह नाम चल निकला और नयी प्रवृत्तियों के लिए रूढ़ हो गया।

'आधुनिक हिन्दी कविता' नामक पुस्तक में प्रसिद्ध आलोचक डॉ. नन्द किशोर नवल ने भी प्रयोगवाद और नयी कविता के मध्य सम्बन्धों और समानताओं-असमानताओं पर विस्तार से विचार-विमर्श किया है, जो द्रष्टव्य हैं। उनके अनुसार प्रयोगवाद और नयी कविता में सम्बन्ध है भी और नहीं भी है। यदि सम्बन्ध न होता, तो 'तारसप्तक' के कवि आगे चलकर नयी कविता के कवियों में न गिने जाते। इसी तरह वहाँ पर दोनों के बीच पार्थक्य दिखलायी पड़ता है, जहाँ पर हम पाते हैं कि नयी कविता में 'तारसप्तक' की कविताओं की अनेक विशेषताएँ छूट गयी हैं और कुछ नयी विशेषताएँ पैदा हो गयी हैं, जैसे प्रगीतात्मकता और बिम्बात्मकता। डॉ. नवल नयी कविता के प्रति मुक्तिबोध के दृष्टिकोण को ज्यादा सही मानते हैं। वे लिखते हैं कि मुक्तिबोध ने नयी कविता को खारिज करने के स्थान पर उसे समग्रता में देखने का आग्रह किया। समग्रता में देखने के

आग्रह से उनका अभिप्राय नयी कविता में निहित परस्पर अन्तर्विरोधी प्रवृत्तियों या स्थितियों को सभी कोणों से देखना था। वे किसी तरह के एकतरफा निर्णय या सरलीकरण के विरुद्ध थे। मुक्तिबोध की दृष्टि में नयी कविता में मध्यमवर्ग के दोनों स्तरों-उच्च और निम्न के जीवन-यथार्थ और आकांक्षाओं की अभिव्यक्ति हुई है। उच्च मध्यवर्ग जहाँ भौतिक सुख-सुविधा के पीछे भागनेवाला, अवसरवादी और श्रेष्ठ मानवीय लक्ष्यों से च्युत है, वहाँ निम्न मध्यवर्ग न केवल परेशान है, बल्कि संघर्षरत भी है। उन्होंने निम्नमध्यवर्ग को श्रमिक जनता का संगी बतलाया और उसको क्रान्तिकारी तक कहा। उनके अनुसार स्वाधीनता-प्राप्ति के बाद भारतीय समाज में अवसरवाद की जो बाढ़ आई, उसने निम्न मध्यवर्ग को बहुत-कुछ अपने लपेट में ले लिया था। साहित्य का परिदृश्य बिल्कुल स्पष्ट हो गया। निम्न-मध्यवर्ग से आनेवाले कवि थोड़ी सुविधाएँ प्राप्त करने के लिए उच्च मध्यवर्गीय कवियों की ओर लपकते थे और उनके सान्निध्य से उनके मुहावरे में बोलने की कोशिश करते हुए अपने भीतर के विद्रोह और क्रान्ति की अग्नि को बिल्कुल शान्त कर देते थे। उच्च मध्यवर्गीय कवियों ने अपने को आधुनिकताबोध से लैस कर सौन्दर्य का एक ऐसा प्रतिमान निर्मित कर लिया था, जिस पर कटु और संघर्षशील यथार्थ की कविता लिखने वाले कवि खोटे सिद्ध होते थे। मुक्तिबोध ने ऐसे प्रतिमान को 'जड़ीभूत सौन्दर्याभिरुचि' की संज्ञा दी और नये कवियों को उसकी तानाशाही से आगाह किया। उन्होंने इस बात के लिए क्षोभ प्रकट किया कि गरीब मध्य श्रेणी से उत्पन्न कवि भी सम्पन्न मध्यश्रेणी के कवियों की पाँत में सम्मिलित होकर अपनी श्रेणी के साथ विश्वासघात करते हैं। लेकिन मध्यवर्ग के सभी कवियों से वे निराश न थे और बार-बार इस बात पर बल दे रहे थे कि प्रगतिशील रचनाकार और आलोचक निम्न मध्यवर्गीय नये कवियों की कविता को सहानुभूति के साथ देखें और उनसे आत्मीयता स्थापित करें। इस प्रकार डॉ. नवल भी प्रकारान्तर से डॉ. पालीवाल की उस स्थापना से सहमत दिखायी देते हैं जहाँ नयी कविता अज्ञेय और मुक्तिबोध के नेतृत्व में दो तरह की प्रवृत्तियों को लेकर आगे बढ़ रही थी। मुक्तिबोध नयी कविता के इस अन्तर्विरोध को बखूबी समझ रहे थे पर वे आँख मूँदकर उच्चमध्यवर्गीय कवियों की कविता को नकार देने के कायल न थे। संक्षेप में नयी कविता की प्रवृत्तियों को इस रूप में रेखांकित किया जा सकता है—

1. काव्य सम्बन्धी नयी अवधारणा,
2. लघु मानव दर्शन और व्यक्तित्व की खोज,
3. अनुभूति की प्रामाणिकता और ईमानदारी,

4. रस-सिद्धान्त की अप्रासंगिकता,
5. मोहभंग की कविता,
6. आधुनिकतावाद,
7. विडम्बना और विसंगति,
8. प्रकृति सौन्दर्य पर नूतन दृष्टि से विचार,
9. काव्यरूप और काव्यभाषा का परिष्कृत स्वरूप,
10. नये बिम्बों और प्रतीकों का प्रयोग।

3.

बीसवीं शताब्दी के सातवें दशक में नयी कविता से इतर नये जीवन-यथार्थ और काव्यबोध से प्रेरित हिन्दी कविता की अनेक धाराएँ फूटीं। इन्हें सामान्यतः साठोत्तरी कविता या समकालीन कविता के नाम से हम जानते हैं। सुदामा पांडेय 'धूमिल', लीलाधर जगूड़ी, राजकमल चौधरी, विनोदकुमार शुक्ल, केदारनाथ सिंह, अशोक वाजपेयी प्रभृति कवियों ने नवीन काव्य-दिशाओं की खोज की। लघुपत्रिकाओं के इस दौर में बाढ़-सी आ गयी और इन लघुपत्रिकाओं के माध्यम से अनेक काव्यान्दोलन सामने आये; यथा–अकविता, निषेधवादी कविता, अस्वीकृत कविता, अन्यथावादी कविता, विद्रोही कविता, सनातन सूर्योदयी कविता, सीमान्तक कविता, अभिनव, कविता, अधुनातन कविता, निर्दिशायामी कविता, एब्सर्ड या ऊलजलूल कविता, नव प्रगतिवादी कविता, अवाँ गार्द कवियों की कविता, साम्प्रतिक कविता, ठोस या कांक्रीट कविता, कोलाज-पोस्टर कविता, ताजी कविता, श्मशानी कविता, विचार कविता, प्रहार कविता, अगीत कविता। वस्तुतः ये काव्यान्दोलन बरसाती घास की तरह फूटे और समाप्त हो गये। जो भी हो, डॉ. कृष्णदत्त पालीवाल कुछ प्रमुख काव्यधाराओं का उल्लेख निम्नवत् करते हैं–

1. प्रगतिशील यथार्थ की धारा–इसमें नागार्जुन, त्रिलोचन, केदारनाथ अग्रवाल, गजानन माधव मुक्तिबोध, शमशेर बहादुर सिंह, सर्वेश्वर दयाल सक्सेना, रघुवीर सहाय, धूमिल, मलयज, श्रीकान्त वर्मा, कुमार विमल, लीलाधर जगूड़ी, भगवत रावत, चन्द्रकान्त देवताले, अरुण कमल आदि कवियों का एक महत्त्वपूर्ण सृजन-प्रवाह है।
2. प्रयाग के 'परिमल' मंच से जुड़े कवि–लक्ष्मीकान्त वर्मा, जगदीश गुप्त, विजयदेव नारायण साही, धर्मवीर भारती आदि।

3. 'तारसप्तक' की परम्परा के कवि गिरिजाकुमार माथुर, कुँवरनारायण, रामविलास शर्मा, केदारनाथ सिंह, नरेश मेहता, भवानीप्रसाद मिश्र, हरि नारायण व्यास आदि ने भी समकालीन जीवन को अपने काव्य-सृजन में खास ढंग से परिभाषित किया है।
4. स्वाधीनता आन्दोलन से जुड़े कवि—माखनलाल चतुर्वेदी, बाल कृष्ण शर्मा 'नवीन' आदि की राष्ट्रीय सांस्कृतिक काव्यधारा भी इस काल में सक्रिय रही है।
5. नवगीत आन्दोलन में समकालीन कविता की एक विशिष्ट धारा है जिसमें ठाकुरप्रसाद सिंह, रमानाथ अवस्थी, रमेशरंजक, चन्द्रदेव सिंह, वीरेन्द्र मिश्र, शिव मंगल सिंह 'सुमन', श्रीकान्त जोशी, राजेन्द्र किशोर, विजय किशोर मानव आदि के नाम उल्लेखनीय हैं।
6. अकविता आन्दोलन का समकालीन कविता में महत्त्वपूर्ण हाशिया है। इसमें जगदीश चतुर्वेदी, श्याम परमार, गंगाप्रसाद विमल, सौमित्र मोहन, मणिक मोहिनी, मोना गुलाटी और राजकमल चौधरी आदि के सृजन-कर्म की खासतौर पर चर्चा हुई है।
7. समकालीन कविता की विद्रोही धारा के कवियों मे गोरख पाण्डेय, ऋतुराज, सोमदत्त, रोजश जोशी, उदयप्रकाश, मंगलेश डबराल, इब्बार रब्बी, वेणु गोपाल, मणि मधुकर आदि अनेक महत्त्वपूर्ण कवि हैं।

इनके अतिरिक्त कुमारेंद्र, आलोक धन्वा, मनमोहन, स्वप्निल श्रीवास्तव, विष्णु खरे, विष्णु नागर, गिरधर राठी, ज्ञानेंद्रपति महत्त्पूवर्ण कवि हैं। नवीनतम पीढ़ी में हरेकृष्ण झा, बद्रीनारायण, निलय, बोधिसत्व, अनिल विभाकर, संजय कुन्दन, प्रेमरंजन अनिमेष, प्रतापराव कदम, माँझी अनन्त आदि उल्लेखनीय हैं। आज की कविता निरन्तर नये-नये जीवन-यथार्थ को नये काव्यबोध के साथ अभिव्यक्त कर रही है। कविता के सम्मुख पाठकों की कमी की बड़ी चुनौती है, फिर भी, न तो नये कवियों का आना रुका है और न नयी कविताओं का। उत्तर आधुनिकता, दलित, स्त्री, आदिवासी चेतना ने आज की कविता को कई नये आयाम प्रदान किये हैं। पर्यावरण संकट की वैश्विक चिन्ता से भी कविता जुड़ी है। कहने का तात्पर्य यह है कि वर्तमान में कविता में नये परिदृश्यों की कमी नहीं है। उसका फलक अत्यन्त विशाल है। उसे एक साथ समेटना आसान कार्य नहीं। आज की कविता को उसकी विविधता और उसके सन्दर्भों के साथ जोड़कर ही पढ़ने-गुनने की आवश्यकता है।

कवि-परिचय

सच्चिदानन्द हीरानन्द वात्स्यायन 'अज्ञेय'

साहित्यिक व्यक्तित्व और कृतित्व की दृष्टि से अज्ञेय—भारतेन्दु, आचार्य महावीरप्रसाद द्विवेदी, प्रेमचन्द और निराला प्रभृति उन साहित्यकारों की विशिष्ट कोटि में आते हैं, जिनमें युग-प्रवर्तन की असाधारणा क्षमता होती है और जो पहले से निर्मित राहों पर चलने की अपेक्षा स्वनिर्मित मार्गों के अन्वेषण में ज्यादा विश्वास रखते हैं। अज्ञेय में एक ही साथ भारतेन्दु की जिन्दादिली और विधाओं के नवोन्मेष की क्षमता, आचार्य हजारीप्रसाद द्विवेदी की दूरदर्शितापूर्ण सम्पादन-दृष्टि और युग-नेतृत्व की दक्षता, प्रेमचन्द की रचना-शक्ति और युगबोध तथा निराला की विद्रोही चेतना और प्रयोगशीलता का अद्भुत सम्मिश्रण परिलक्षित होता है पर बावजूद इसके अज्ञेय का अपना एक विशिष्ट व्यक्तित्व था। उपर्युक्त महान विभूतियों से उनकी समानता इस बात में अवश्य थी कि उनके समान अज्ञेय ने भी अपने काल में हिन्दी साहित्य को एक नयी दिशा प्रदान की व उसे एक नये पथ पर अग्रसर किया। भारतेन्दु और आचार्य द्विवेदी ने हिन्दी साहित्य को जो आधुनिक दृष्टि दी, छायावाद ने वस्तु और रूप के स्तर पर जो सौन्दर्यबोध निर्मित किया तथा प्रगतिवाद ने वैचारिक संघर्ष पर आधारित सामाजिक परिर्वतन का जो स्वप्न देखा, अज्ञेय ने उससे इतर अपना एक नया पन्थ खड़ा किया, जिसे प्रयोगवाद की संज्ञा से अभिहित किया गया है। अज्ञेय आधुनिक ही नहीं, आधुनिकतावादी भी हैं। छायावाद में वैयक्तिकता है तो अज्ञेय व्यक्तिवादी हैं। प्रगतिवाद समाज की सामूहिकता पर बल देता है तो अज्ञेय व्यक्ति की विशिष्टता पर। इस प्रकार उन्होंने अपने को हर प्रकार से नये राहों का अन्वेषी सिद्ध किया है।

सच्चिदानन्द हीरानन्द वात्स्यायन 'अज्ञेय' (1911-1987) को समग्रतः प्रयोगशील या प्रयोगवादी कवि माना जाता है। प्रयोगवादी काव्य-आन्दोलन तथा नयी कविता के प्रारम्भ का श्रेय भी उन्हीं को है। उनका जन्म कुशीनगर में 7 मार्च, 1911 ई. को हुआ। इनके पिता डॉ. हीरानन्द शास्त्री भारत के

पुरातत्व-विभाग की सेवा में एक उच्च अधिकारी थे। यही कारण है कि इनका बचपन लखनऊ, कश्मीर, बिहार और मद्रास में बीता। इससे इनमें प्रारम्भ से ही घुमक्कड़ी एवं यायावरी वृत्ति ने जड़ें जमायीं जिसका प्रभाव उनके साहित्य में यत्र-तत्र परिलक्षित होता है।

अज्ञेय एक उच्चकोटि के कवि, कहानीकार, उपन्यास-लेखक, निबन्धकार एवं सम्पादक थे। उन्होंने यात्रा वृत्तान्त भी लिखे हैं पर यहाँ उनके कवि रूप की चर्चा ही हमारा अभीष्ट है। उनके काव्य-संग्रह निम्नलिखित हैं—भग्नदूत (1933), चिन्ता (1942), इत्यलम् (1946), हरी घास पर क्षण भर (1949), बावरा अहेरी (1954), इन्द्र-धनु रौंदे हुए ये (1957), अरी ओ करुण प्रभामय (1959), आँगन के पार द्वार (1961), कितनी नावों में कितनी बार (1967), पहले मैं सन्नाटा बुनता हूँ, महावृक्ष के नीचे आदि उनकी महत्त्वपूर्ण काव्य-कृतियाँ हैं।

सन् 1964 में 'आँगन के पार द्वार' पर उन्हें साहित्य अकादमी पुरस्कार तथा 1967 में उन्हें 'कितनी नावों में कितनी बार' पर ज्ञानपीठ पुरस्कार मिला।

'भग्नदूत' में अज्ञेय पर छायावाद का स्पष्ट प्रभाव दिखाई देता है। इस संग्रह की कविताएँ 1929 से 1932 के मध्य लिखी गयी हैं। काव्यवस्तु भी मूलतः छायावादी रहस्यवाद के ससीम-असीम के प्रणय प्रसंग से ही सम्बन्धित है। 'चिन्ता' में प्रेमानुभूति का कुछ भिन्न स्वर सुनाई पड़ता है। यहाँ प्रेमानुभाव में प्रगाढ़ता और भाव की विवृत्ति प्राप्त होती है। 'इत्यलम्' में 1933 से 1946 तक लिखी कविताओं को स्थान प्राप्त हुआ है। इन कविताओं में प्रेम की विफलता का वर्णन, बौद्धिकता और आत्मव्यंग्य की प्रवृत्ति दिखाई देती है। प्रकृति और स्त्री के शारीरिक सौष्ठव के प्रति भी कवि में आकर्षण का भाव है। 'हरी घास पर क्षण भर', 'बावरा अहेरी' और 'इन्द्रधनु रौंदे हुए ये' में आधुनिकता और रोमेण्टिक भावबोध की द्वन्द्वात्मकता दृष्टिगोचर होती है। 'हरी घास पर क्षण भर' के आगे अज्ञेय नयी कविता के भावबोध के अधिक निकट दिखाई देते हैं। 'आंगन के पार द्वार' की कविताओं में अहंग्रस्त आत्मदान एवं आत्मबोध का भाव प्राप्त होता है। इनमें एक आस्तिकतापूर्ण सर्जनात्मक अनुभव की अभिव्यक्ति होती जिसे एक नये आध्यात्मिक अनुभव के रूप में भी देखा गया है। उनकी प्रसिद्ध लम्बी कविता 'असाध्य वीणा' इसी संग्रह में संकलित है।

अज्ञेय को व्यक्तिवादी कवि माना जाता है परन्तु उन्होंने अपने व्यक्तिवादी 'मैं' की चारदीवारी से बाहर आने की कोशिश भी की है। वे समाज से जुड़ना चाहते हैं पर अपनी अस्मिता खो देने की कीमत पर नहीं। वे समाज को जो कुछ

भी देना चाहते हैं, उनमें उनका देने का गर्व भी झलकता है। 'नदी के द्वीप', 'दीप अकेला' जैसी कविताएँ उनकी व्यष्टि-समष्टि की अवधारणा को स्पष्ट करने वाली रचनाएँ हैं। भाव एवं शिल्प दोनों दृष्टियों से वे बड़े कवि हैं। प्रेम, प्रकृति, सामाजिक चेतना एवं व्यंग्य सम्बन्धी रचनाओं की विविधता के अतिरिक्त शिल्प तथा तकनीक के क्षेत्र में भी उन्होंने काफी कुछ नया करने का सफल प्रयास किया है। 'ये उपमान मैले हो गये हैं/देवता इन प्रतीकों के कर गये हैं कूच' जैसी घोषणाओं के साथ वे काव्य-शिल्प के नये मार्गों के अन्वेषण में भी संलग्न होते हैं। नये प्रतीकों, उपमानों, बिम्बों के सराहनीय प्रयोग से उन्होंने काव्य-शिल्प के क्षेत्र में ताजगी लायी जिसे उनका एक महत्त्वपूर्ण योगदान माना जाता है। उन्होंने काव्य-भाषा को नया संस्कार प्रदान किया। अपने अस्तित्ववादी दर्शन, फ्रायडीय प्रभाव के बावजूद वे हिन्दी के बड़े कवि हैं।

शमशेर बहादुर सिंह

शमशेर बहादुर सिंह (1911-1993) हिन्दी में 'कवियों के कवि' के रूप में विख्यात हैं। इनका जन्म 13 जनवरी 1911 को देहरादून (तत्कालीन उत्तर प्रदेश) के एक प्रतिष्ठित जाट परिवार में हुआ था। इनकी प्रारम्भिक शिक्षा देहरादून में हुई। इन्होंने सन् 1928 में हाईस्कूल तथा 1931 में इण्टरमीडियट पास किया।

शमशेर की काव्य-रचनाएँ इस प्रकार हैं–'दूसरा सप्तक'(1955), 'कुछ कविताएँ' (1959), 'कुछ और कविताएँ' (1961), 'चुका भी हूँ मैं नहीं' (1975), 'इतने पास अपने' (1980), 'उदिताः अभिव्यक्ति का संघर्ष (1980), 'बात बोलेगी' (1981), 'काल तुझसे होड़ है मेरी' (1990), 'प्रतिनिधि-कविताएँ' (1990), 'कहीं बहुत दूर से सुन रहा हूँ' (1995)। हिन्दी के प्रसिद्ध आलोचक डॉ. विश्वनाथ प्रसाद त्रिपाठी यह मानते हैं कि शमशेर बहादुर सिंह यद्यपि प्रगतिशील चेतना के कवि हैं किन्तु उनकी कविताएँ मन की गहरी पर्तों को सांकेतिकता और बहुत कुछ चित्रकला की सहायता से खोलती हैं। शमशेर बहादुर की कविताएँ शब्दों की मितव्ययिता बरततीं हैं। अतः अर्थ निकालने का काफी प्रयास करना पड़ता है। इसी कारण उनकी कविताओं में मौन, यानि जो कहा जाना चाहिए किन्तु नहीं गया है, की महिमा मिलती है। उन पर फ्रांसीसी प्रतीकवादी कवियों का काफी प्रभाव है। जब वे संवेदनशील इन्द्रियबोध और करुणा के बोध का सन्तुलन स्थापित कर लेते हैं तब उनकी कविताएँ ग्राह्य प्रतीकों और बिम्बों में या सहज उक्तियों में ढलकर सुगम हो जाती हैं।

शमशेर बहादुर सिंह को विचारों से मार्क्सवादी और शिल्प में रूपवादी जैसे आरोपों को सहना पड़ा है जबकि उनकी स्पष्ट राय है कि कला के संघर्ष को सामाजिक संघर्ष से काटकर नहीं देखा जा सकता है।

डॉ. बच्चन सिंह, शमशेर को मूलतः प्रयोगवादी मानते हैं। इस प्रकार शमशेर अज्ञेय की परम्परा में आते हैं परन्तु डॉ. सिंह के अनुसार शमशेर और अज्ञेय में

यह अन्तर है कि शमशेर के प्रयोग संवेदना के धरातल को नहीं छोड़ते। वस्तुतः शमशेर अपनी निजी अनुभूतियों, उनकी बारीक बुनावट और प्रायः दुरूहता के कारण भी लोगों का ध्यान आकृष्ट करते हैं। वे छायावाद काल के अन्तिम वर्षों से लिख रहे हैं। निराला और पन्त को वे स्वयं स्वीकार करते हैं, पर वे छायावादी नहीं हैं। 'हंस' का सम्पादन करते समय वे शिवदानसिंह चौहान के सम्पर्क में आये और मार्क्सवाद के प्रति आकृष्ट हुए, प्रगतिवादी कविताएँ भी लिखते रहे। किन्तु रचना में प्रगतिवादी नहीं हैं। वे प्रयोगवादी हैं—मानवीय सरोकारों से विरहित प्रयोगवादी नहीं। आत्मसंघर्ष उन्होंने भी किया है पर शमशेर का आत्मसंघर्ष निजी है, प्राइवेट है।

डॉ. बच्चन सिंह ने शमशेर की प्रगतिवादी रचनाओं का भी उल्लेख किया है। उनके मतानुसार उनकी पंक्ति—वाम वाम वाम दिशा/ समय-साम्यवादी' प्रगतिवादी रीतियुक्त है। 'लेकर सीधा नारा' कविता को प्रगतिवादी काव्यान्दोलन में बार-बार याद किया है—'लेकर सीधा नारा/कौन पुकारा/अन्तिम आशाओं की संध्याओं से/ मैं समाज तो नहीं, न मैं कुल जीवन। कण समूह में हूँ मैं केवल/ एक कण/ एक सहारा।' 'अमन का राग' एक लम्बी कविता है—प्रगतिवादी सरोकारों से सम्बद्ध। पर इन कविताओं में वे रम न सके। उससे मुक्त भी नहीं हो सके। 'उदिता' (1980) की भूमिकाओं में वे प्रगतिवादी काव्यान्दोलनों की आवश्यकता महसूस करते हैं। किन्तु अपने वर्ग-सरोकारों के कारण इससे जुड़ न सके—'मेरी असली जमीन तो रोमानी ही थी, रोमानी बनी रही।'

इस प्रकार शमशेर एक ऐसे विशिष्ट कवि के रूप में हमारे सामने आते हैं, जिन्होंने न केवल प्रकृति और प्रेम के माध्यम से भाषा एवं वस्तुगत सौन्दर्य की अद्भुत सृष्टि की है अपितु अपनी रचनाओं का सामाजिक सरोकारों से नाता भी सम्यक रूप से जोड़ा है।

नागार्जुन

हिन्दी की प्रगतिवादी काव्यधारा के महत्त्पूर्ण कवि नागार्जुन (1911-1998) का असली नाम वैद्यनाथ मिश्र है। इनका जन्म सन् 1911 में ग्राम तरौनी, जिला दरभंगा (बिहार) में हुआ था। स्कूल, कॉलेज या विश्वविद्यालय की औपचारिक शिक्षा-व्यवस्था से आप दूर ही रहे। परम्परागत प्राचीन पद्धति से संस्कृत की शिक्षा ग्रहण की। संस्कृत की शिक्षा के लिए वे काशी में रहे। ये स्वभाव से घुमक्कड़, आवेगशील, जीवन्त और फक्कड़ थे। विचारधारा के स्तर प्रर वे मार्क्सवादी थे। मार्क्सवादी प्रभाव तथा सच्चे अर्थों में ग्रामीण जन-जीवन के साथ गहरे जुड़ाव ने नागार्जुन को हिन्दी के अग्रणी जनवादी कवियों की कतार में ला खड़ा किया। इन्होंने विचारधारा को सिर्फ रचनात्मक स्तर पर ही ग्रहण नहीं किया अपितु अपने व्यावहारिक जीवन में उसे सक्रिय रूप से अपनाया। जनता के विभिन्न मुक्ति संघर्षों और आन्दोलनों में आप बराबर उपस्थित रहे। अपनी कविताओं से वे जन-आन्दोलनों का समर्थन किया करते थे। समसामयिक विषयों और जनता की ज्वलन्त समस्याओं से जुड़ी कविताएँ लिखने के कारण सुप्रसिद्ध कवि केदारनाथ सिंह ने इनके कवि-कर्म को 'खतरनाक ढंग से कवि होने का साहस' करार दिया। वास्तविकता भी यही है कि नागार्जुन ने हमेशा सामाजिक यथास्थितिवादियों एवं सत्ता पर काबिज लोकतन्त्र के छद्म भेड़ियों के खिलाफ खुला संघर्ष करने का खतरा उठाया है। उन्होंने खुलेआम अपनी प्रतिबद्धता की घोषणा भी की है–'प्रतिबद्ध हूँ/ सम्बद्ध हूँ/ आबद्ध हूँ'। उनकी प्रतिबद्धता 'बहुजन समाज की अनुपल प्रगति के निमित्त' है। इसी प्रतिबद्धता के कारण कवि में एक प्रखर राजनीतिक चेतना भी प्राप्त होती है। 'आए दिन-बहार के', 'मन्त्र कविता' जैसी रचनाओं में जो तीखा और धारदार राजनीतिक व्यंग्य है–वह काव्य-वस्तु और कला दोनों ही दृष्टियों से प्रशंसा के योग्य है। यही कारण है कि डॉ. नामवर सिंह ने लिखा–'यह निर्विवाद है कि कबीर के बाद हिन्दी कविता में नागार्जुन से बड़ा व्यंग्यकार अभी तक कोई नहीं हुआ।'

नागार्जुन की कविताओं ने सर्वदा इस लोकतान्त्रिक कुव्यवस्था के पाटों में पिसती हुई आम जनता के जीवन की जर्जरावस्था का आँखों देखा हाल प्रस्तुत किया है। 'प्रेत का बयान', 'अकाल और उसके बाद', 'मास्टर' जैसी रचनाएँ हृदय को झकझोर देने वाली हैं। गरीबों के प्रति इसी करुणा भाव ने कवि को आभिजात्य जीवन की रंगीनियों की ओर न मोड़कर आम और साधारण लोगों की ओर मोड़ दिया है। 'घिन तो नहीं आती है?', 'नवेला', 'लाल साहू', 'पैने दाँतों वाली' जैसी रचनाएँ उन्हें जमीन से जुड़े हुए लोगों से जोड़ती हैं। इसीलिए डॉ. नामवर सिंह भी लिखते हैं कि—''नागार्जुन सच्चे अर्थों में स्वाधीन भारत के प्रतिनिधि जन-कवि हैं।'

असहमति, विरोध, विद्रोह, आक्रोश, संघर्ष आदि के भावों के अतिरिक्त नागार्जुन में पर्याप्त रूप से प्रेम, रोमांस, वात्सल्य और प्राकृतिक सौन्दर्य के प्रति भावनात्मक तारल्य के भाव दिखाई देते हैं पर इन सभी जगहों में भी उनका जनवादी स्वरूप सर्वोपरि होता है। 'वह दंतुरित मुस्कान', 'गुलाबी चूड़ियाँ' जैसी रचनाएँ उनके वात्सल्य भाव को अभिव्यक्ति प्रदान करती हैं। 'सिंदूर तिलकित-भाल', 'यह तुम थीं', न आए रातभर मेल ट्रेन', 'एक फाँक आँख; एक फाँक नाक' आदि रचनाएँ उनके हृदय के आन्तरिक भावों के प्रेमोष्मित रूप को व्यक्त करती हैं। इसी तरह अपनी अनेक रचनाओं में उन्होंने प्राकृतिक सौन्दर्य एवं ग्रामीण परिवेश की सुषमा को भी अभिव्यक्ति प्रदान की है यथा—'बादल को घिरते देखा है', 'बरफ पड़ी है', 'ऋतु सन्धि', 'मेघ बजे', 'घन-कुरंग', 'फूले कदम्ब', 'अब इस मौसम में', 'बहुत दिनों के बाद' आदि-आदि।

नागार्जुन ने मैथिली एवं बांग्ला भी रचनाएँ की हैं। मैथिली इनकी मातृभाषा थी और इसमें वे 'यात्री' नाम से लेखन करते थे। मैथिली काव्य-संग्रह 'पत्रहीन नग्न गाछ' के लिए उन्हें साहित्य अकादमी पुरस्कार से सम्मानित किया गया। बहुमुखी प्रतिभा के धनी नागार्जुन हिन्दी साहित्य के उज्ज्वलतम् नक्षत्रों में से एक हैं।

'युगधारा', 'सतरंगे पंखों वाली', 'प्यासी-पथराई आँखें', 'तालाब की मछलियाँ', 'चन्दना', 'खिचड़ी विप्लव देखा हमने', 'तुमने कहा था', 'पुरानी जूतियों का कोरस', 'हजार-हजार बाँहोंवाली', 'पका है यह कटहल', 'अपने खेत में', 'मैं मिलिट्री का बूढ़ा घोड़ा'—नागार्जुन के प्रमुख काव्य-संग्रह हैं।

गजानन माधव मुक्तिबोध

गजानन माधव मुक्तिबोध (1917-1964) का जन्म 13 नवम्बर, 1917 को श्यौपुर (जिला मुरैना, ग्वालियर) में हुआ। उनके पिता श्री माधवराव पुलिस सब-इंस्पेक्टर थे। पिता की बार-बार बदली होने के कारण शिक्षा एक स्थल पर सम्पन्न न हो सकी। आरम्भिक शिक्षा उज्जैन, विदिशा, अमझरा, सरदारपुर आदि स्थानों पर मिली। सन् 1930 में ग्वालियर बोर्ड की मिडिल परीक्षा में सफल हुए। इसके बाद पढ़ाई का सिलसिला कुछ ठीक ढंग से चला। 1935 में माधव कॉलेज से इंटरमीडिएट तथा 1938 में होल्कर कॉलेज से बी.ए. की परीक्षाएँ उत्तीर्ण कीं। इसके बाद काफी वर्षों तक विश्वविद्यालयी शिक्षा का अन्तराल रहा। आर्थिक दबाव के कारण इसी वर्ष से नौकरी करनी पड़ी। विवाह के सम्बन्ध में माता-पिता के स्वप्न कुछ और थे किन्तु मुक्तिबोध ने 1939 में प्रेम विवाह कर लिया। पढ़ाई का क्रम काफी अरसे बाद फिर जुड़ा और 1953 में नागपुर विश्वविद्यालय से एम.ए. (हिन्दी) कर पाये।

नौकरी का सिलसिला भी जुड़ता-टूटता रहा। 1938 से 1942 तक उन्होंने बड़नगर, शुजालपुर, उज्जैन आदि स्थानों के विभिन्न स्कूलों में अध्यापक की नौकरी की। इसके बाद कुछ अरसे तक 'विश्वबन्धु' (कलकत्ता) तथा 'हंस' (बनारस) पत्रिका से भी सम्बद्ध रहे। इसके अतिरिक्त 'सारथी', 'समता', 'संकेत', 'नयी दिशा', 'संस्कार', 'वसुधा' आदि पत्रिकाओं से भी किसी-न-किसी रूप में जुड़े। शिक्षण इनका मुख्य व्यवसाय रहा, जिस पर ये बार-बार लौट आते रहे। अक्टूबर 1956 से 'नया खून' का सम्पादन किया। अन्त में वे दिग्विजय महाविद्यालय राजनांद गाँव में प्राध्यापक हो गये। लम्बी बीमारी के बाद 11 सितम्बर 1964 को उनका निधन हो गया।

मुक्तिबोध बहुमुखी प्रतिभा के धनी थे। उन्होंने कविता, कहानी, उपन्यास आलोचनात्मक निबन्ध आदि अनेक विधाओं में रचना की। वे मुख्यतः एवं स्वभावतः

कवि थे। उनकी कविताएँ 'चाँद का मुँह टेढ़ा है' नामक कविता संग्रह के रूप में 1964 में प्रकाशित हुआ। इससे पूर्व उनकी कविताएँ 'तारसप्तक' (1943) में प्रकाशित हो चुकी थीं। उनका दूसरा काव्य-संग्रह 'भूरी-भूरी खाक धूलि' शीर्षक से 1980 में प्रकाशित हुआ। उनके दो कहानी संग्रह प्रकाशित हो चुके हैं–'काठ का सपना' (1967) एवं 'सतह से उठता आदमी' (1971)। 'विपात्र' (1970) नाम से एक लघु उपन्यास भी प्रकाशित हुआ है। गद्य लिखने में भी रुचि थी। 'नयी कविता का आत्मसंघर्ष तथा अन्य निबन्ध (1964) 'एक साहित्यिक की डायरी (1964) एवं नये साहित्य का सौन्दर्यशास्त्र (1971) उनके निबन्ध-संग्रह हैं। 'कामायानी एक पुनर्विचार' नामक समीक्षात्मक पुस्तक 1967 में प्रकाशित हुई थी। 'भारत इतिहास और संस्कृति' (1943 से पूर्व) स्कूल के छात्रों के लिए लिखी गयी थी, जिसे मध्य प्रदेश सरकार के शिक्षा विभाग ने पाठ्य-पुस्तक के रूव में स्वीकृति भी दे दी थी किन्तु राजनीतिक कारणों से बाद में सरकार द्वारा लोक सुरक्षा कानून के अधीन यह पुस्तक अवैध घोषित कर दी गयी। 1980 में राजकमल प्रकाशन, नयी दिल्ली द्वारा मुक्तिबोध–की समस्त रचनाओं को 'मुक्तिबोध-रचनावली' शीर्षक से छह भागों में प्रकाशित किया गया है।

मुक्तिबोध के काव्य-रचना का आरम्भ 1935 से हुआ। 1936 से 1938 तक काव्य के साथ-साथ कहानी रचना भी चलती रही। कहानी-लेखन आरम्भ करने पर वे पाते थे कि कथा-तत्व उनके इतना ही समीप है जितना कि काव्य किन्तु काव्य को उन्होंने अपने हृदय का स्पन्दन बना लिया। 'तारसप्तक' के वक्तत्व में अपने बारे में लिखते हैं–"1938 से 1942 तक के पाँच वर्ष मानसिक संघर्ष और वर्ग व्यक्तिवाद के वर्ष थे। आन्तरिक विनष्ट शान्ति के और शारीरिक ध्वंस के इस समय में मेरा व्यक्तिवाद कवच की भाँति काम करता था। बर्गसां की स्वतन्त्र क्रियमाण जीवन शक्ति के प्रति मेरी आस्था बढ़ गयी थी।" क्रमशः उनका झुकाव मार्क्सवाद की ओर हुआ। इसे उन्होंने अधिक वैज्ञानिक, मूर्त एवं तेजस्वी दृष्टिकोण के रूप में देखा। उन्होंने पाश्चात्य साहित्य का भी भरपूर अध्ययन किया। बाल्जाक, फ्लाबेयर, गोर्की आदि उनके प्रिय लेखक थे। निरन्तर अध्ययन एवं साहित्यिक मित्रों से बहस ने उनकी काव्य-चेतना को व्यापक बनाने में भी सहयोग दिया।

स्वतन्त्रता के पश्चात् मुक्तिबोध की काव्य-चेतना में किंचित् बदलाव आ गया। मुक्तिबोध ने इस तथ्य को स्वयं स्वीकार किया है कि स्वाधीनता के इस युग में उनकी कविता 'सघन-बिम्ब मालिकाओं' में अधिकाधिक प्रकट होने लगी। अचानक अन्तर्मुख दशाएँ और भी दीर्घ और गहरी होती गयीं किन्तु उनकी

अन्तर्मुखता आत्मग्रस्तता नहीं है। उनकी संवेदना व्यापक समाज से संपृक्त होकर आगे बढ़ी है।

मुक्तिबोध को कटु जीवन-संघर्षों एवं भयावहता का कवि माना जाता है। इनके काव्य-वस्तु के केन्द्र में यथार्थवाद है पर वह यथार्थवाद सिर्फ रुक्ष या खुरदरा न होकर सर्जनात्मक एवं जीवनोन्मुखी है। हिन्दी में मुक्तिबोध की तरह कवि विरले हैं, जिन्होंने 'जुगुप्सा' एवं 'भयानक' को रचनात्मक औदात्य प्रदान किया। इनकी कविता परम्परागत रसानुभूति के प्रयोजन से नहीं लिखी गयी है। ये तो सजग पाठक को अन्दर से झकझोर कर आत्ममन्थन के लिए विवश कर देती है। सामाजिक सरोकारों की कसौटी पर इनकी रचनाएँ व्यक्ति की कड़ी परीक्षा लेती हैं। इस परीक्षा में वही उत्तीर्ण हो सकता है जो सामाजिक परिवर्तन के लिए यथास्थितिवाद से टकराने का साहस रखता हो। इस अवसरवादी एवं स्वार्थी संसार में ऐसा साहस रखने वाले लोग बहुत कम हैं। मध्यवर्ग के पढ़े-लिखे लोगों में नये समाज को गढ़ने की चेतना तो है पर वे अपने स्वार्थ और अवसरवाद के कारण अपने ऊपर थोपी हुई विवशताजन्य निष्क्रियता का चोला धारण कर लेते हैं और आजीवन अन्दर ही अन्दर घुटते रहते हैं। भय और स्वार्थ के दबावों से सामाजिक सरोकारों के पथ से विचलित हुए व्यक्ति के मन के अन्तर्द्वन्द्व के अद्भुत चितेरे हैं मुक्तिबोध। उनकी कविता में समर्थ एवं साधन-सम्पन्न वर्ग की शोषण प्रवृत्ति का चित्रण प्रमुखता से हुआ है। कभी 'स्वप्न शैली' के द्वारा तो कभी 'ऑब्जेक्टिव कोरिलेटिव' के अद्भुत प्रयोगों से वे अपनी कविता में सामाजिक परिवर्तन के उद्देश्य को ताजगी से भर देते हैं।

भवानीप्रसाद मिश्र

भवानीप्रसाद मिश्र का जन्म 29 मार्च 1913 को मध्य प्रदेश स्थित होशंगाबाद जिले के टिमरिया गाँव में हुआ था। इनके पिता का नाम सीताराम मिश्र और माता का नाम गोमती था। साधारण मध्यवर्गीय परिवार में जन्म लेने के कारण उनका जीवन सादगी से परिपूर्ण था।

भारत छोड़ो आन्दोलन में मिश्र जी की सक्रिय भागीदारी रही और इस दौरान उनको जेल की यात्रा भी करनी पड़ी। सन् 1945 में जेल से छूटने के बाद आपने महिला आश्रम, वर्धा में अध्यापक पद पर कार्य किया। इसके साथ ही सेवाग्राम से निकलने वाली महिला श्रम पत्रिका का सम्पादन भी किया, साथ-ही-साथ हैदराबाद से निकलना वाली मासिक पत्रिका 'कल्पना' का भी सम्पादन किया। कुछ समय तक मिश्र जी ने आकाशवाणी दिल्ली तथा मुम्बई में प्रोड्यूसर के रूप में कार्य किया। इसके अतिरिक्त सम्पूर्ण गाँधी वाङ्मय का हिन्दी में सम्पादन करते रहे। बाद में गाँधी शान्ति प्रतिष्ठान में आ गये और अपने अन्तिम समय तक यहीं रहे। 20 फरवरी सन् 1985 में आपका निधन हो गया।

मिश्र जी ने अनेक काव्य-कृतियों की रचना की जिनमें 'गीतफरोश', 'चकित है दुख', 'अँधेरी कविताएँ' (1968), 'गाँधी पंचशती', 'बुनी हुई रस्सी' (1971), 'खुशबू के शिलालेख' (1973), 'व्यक्तिगत' (1974), 'त्रिकाल', 'सन्ध्या', 'सम्प्रति', 'शरीर कविता फसलें और फूल', 'अनाम तुम आते हो', 'परिवर्तन जिए', 'मानसरोवर दिन', 'नीली रेखा तक', 'पूस की आग' (काव्य-संग्रह), 'कालजयी' (खण्डकाव्य) विशेष रूप से उल्लेखनीय हैं। भवानीप्रसाद मिश्र को सन् 1972 में 'बुनी हुई रस्सी' पर 'साहित्य अकादमी पुरस्कार' से सम्मानित किया गया। मध्य प्रदेश शासन द्वारा भी उन्हें 'शिखर सम्मान' प्राप्त हुआ।

भवानीप्रसाद मिश्र भाषा के चलतेपन और भावों के खुलेपन के कवि हैं। उनकी कविताओं के प्रभाव के विषय में उनकी वाचन-पद्वति को भूलकर सोचना

कठिन है। वे स्थितियों को सहजता से संयोजित करके प्रबन्धकार के ढंग से मार्मिकता पैदा करते हैं।

मिश्र जी की भाषा सहज एवं सरल है। भाषागत रेशमी झिलमिलाहट में वे कहीं भी नहीं उलझे। युग-युग की बात करते हुए भी वे स्वयं चिर नवीन हैं। इनके शब्दों की गाँठें स्वतः खुलती-बँधती दिखती हैं। कवि ने 'बुनी हुई रस्सी' काव्य-संग्रह में यह स्वीकार किया है–"मैंने जिस भाषा को दुलारा था उसे इस संग्रह के माध्यम से मुकुट पहना रहा हूँ।" इनकी काव्य-भाषा लोकमानस की भाषा है। उन्होंने साहित्यिक भाषा और सामान्य बोलचाल की भाषा के अन्तर को मिटा दिया। उनकी काव्य-भाषा का स्वरूप गंगा-जमुनी है। संस्कृत की शब्दावली के साथ ही साथ वे लोकभाषा का प्रयोग भी करते हैं।

आपने अपनी कविताओं में मुहावरों, लोकोक्तियाँ और विभिन्न दृष्टान्तों का सफल प्रयोग किया है, जिससे उनकी कविताएँ सरस एवं प्रभावपूर्ण हो गयी हैं। भाव एवं शिल्प दोनों दृष्टियों से उनकी कविताएँ सराहनीय हैं। उर्दू, फारसी और अँग्रेजी शब्दों का भी उन्होंने सफल प्रयोग किया है।

'गीतफरोश' (1930-45) कवि की सर्वाधिक चर्चित और लोकप्रिय रचना है। यह कविता कवि की व्यंग्य-प्रधान रचना है। पूँजीवाद समाज में माँग के अनुसार अर्थात् ग्राहक की मर्जी के अनुसार कवि गीत लिखता है और अत्यन्त नाटकीय ढंग से उन्हें बेचता है। कवि-जीवन की विडम्बना और उसकी पराधीनता इसमें अभिव्यक्त है। कवि ने एक प्रश्नचिह्न लगाया है कि क्या काव्य-सर्जना भी उपभोक्ताओं की माँग अभिपूर्ति हेतु की जाती है?

धर्मवीर भारती

दूसरे सप्तक (1951) के सुप्रसिद्ध कवि धर्मवीर भारती (1926-1997) का जन्म इलाहाबाद में 25 दिसम्बर सन् 1926 को हुआ। इलाहाबाद में अपनी शिक्षा पूरी करने वाले कवि को साहित्यिक प्रतिभा वहाँ के साहित्य-समृद्ध परिवेश से प्राप्त हुई। एम.ए. में जगदीश गुप्त, गिरधर लाल गोपाल इनके सहपाठी थे। अपनी स्नातकोत्तर शिक्षा के दौरान ही ये 'संगम' नामक पत्रिका के उपसम्पादक बन गये थे। तत्पश्चात् एक वर्ष तक हिन्दुस्तानी अकादमी में उपसचिव भी रहे। फलतः साहित्य जगत के साथ सक्रिय जुड़ाव ने उन्हें ऐसी रचनात्मक ऊर्जा प्रदान की कि वे हिन्दी साहित्य में बहुमुखी प्रतिभासम्पन्न रचनाकार के रूप में उभरे। कविता, कहानी, नाटक, निबन्ध, आलोचना, उपन्यास, रिपोर्ताज, अनुवाद आदि विविध विधाओं को उन्होंने अपनी लेखनी से समृद्ध किया है। सन् 1960 में ये हिन्दी की प्रतिष्ठित पत्रिका 'धर्मयुग' के सम्पादक भी नियुक्त हुए थे। उन्हें 1972 ई. में पद्मश्री और 1990 ई. में 'भारत-भारती' सम्मान प्राप्त हुआ।

'ठण्डा लोहा', 'सात गीत वर्ष', 'कनुप्रिया' एवं 'सपना अभी भी' उनके उल्लेखनीय काव्य-संग्रह हैं। सन् 1952 में प्रकाशित 'ठण्डा लोहा' उनका प्रारम्भिक काव्य-संग्रह है जो 'कैशोर भावुकता' से भरा पड़ा है। इसमें सन् 1946 से 1952 के बीच लिखी गयी कविताएँ हैं जिसमें कवि के भावुक प्रेम के आवेगों और स्वप्नों की अभिव्यक्ति मिली है। डॉ. बच्चन सिंह के अनुसार–'उनकी मुख्य प्रवृत्ति रोमानी है। 'अन्धा युग' को छोड़कर प्रायः सर्वत्र रोमांस का प्राधान्य दिखाई पड़ता है। कवि प्रेम को पाप नहीं मानता–'महज इससे किसी का प्यार/मुझ पर पाप कैसे हो'? इस संग्रह की रचनाओं में जहाँ एक ओर प्रेम की उद्दाम भावनाओं को अभिव्यक्ति मिली है तो दूसरी ओर प्रेमजनित पीड़ा और निराशा की कुंठाएँ भी प्रकट हुई हैं। 'सात गीत वर्ष' में सन् 1950 से 1958 के बीच की काव्य-रचनाएँ संकलित हैं। इसमें कवि अपनी कैशोर भावुकता को

तोड़कर उत्तरदायित्वों और शृंगारिकता के परे जीवन की सार्थकता की ओर झुकने लगता है। इस संग्रह की लम्बी कविता 'प्रमथ्यु गाथा' इसका प्रमाण है। इस कविता का कथानक एक यूनानी मिथक पर आधारित है। इसका नायक प्रमथ्यु स्वर्ग से द्युपीतर के महल से मानवों के लिए अग्नि चुराकर नियम भंग करता है जिसके फलस्वरूप वह कठोर दण्ड का भागी बनता है। उसके शरीर को गिद्धों से नोंचवाया जाता है। इस प्रकार प्रमथ्यु मानव-कल्याण और मानवीय-करुणा का एक उदात्त दृष्टान्त प्रस्तुत करता है।

'कनुप्रिया' (1959) धर्मवीर भारती की प्रख्यात काव्यकृति है। कनु अर्थात् कृष्ण की प्रिया राधा पर आधृत यह पौराणिक प्रेमाख्यान वर्तमान युग की समस्याओं को ही चित्रित करता है। कवि ने अपनी रचना को पूर्वराग, मंजरी-परिणय, सृष्टि-संकल्प, इतिहास और समापन शीर्षक पाँच अध्यायों में विभक्त किया है। इन पाँचों अध्यायों के दो खण्ड किये जा सकते हैं। प्रथम खण्ड के अन्तर्गत पूर्वराग, मंजरी-परिणय, सृष्टि संकल्प तथा केलिसुख प्रकरणों को रखा जा सकता है। इनमें राधा की बहुआयामी बाह्य आसक्ति तथा पूर्वरागजनित प्रेम स्पन्दनों का जीवन्त चित्रण किया गया है जिसमें निहित सूक्ष्मता, सांकेतिकता और निष्कलुषता बरबस ही आकर्षित करती है। दूसरे खण्ड में इतिहास और समापन अध्यायों को रखा जा सकता है। इन अध्यायों में राधा के प्रेम को नया रूप प्रदान किया गया है। रचनाकार ने राधा के अन्तर्द्वन्द्व के चित्रण में मानव समाज़ की समस्याओं यथा—युद्ध, व्यष्टि, समष्टि, स्त्री-पुरुष सम्बन्ध, प्रेम के लक्ष्य को नवीन दर्शन के आलोक में प्रस्तुत करने की चेष्टा की गयी है। महाभारत के युद्ध की ऐतिहासिकता को आधुनिक युग के चिन्तन की सापेक्षता में निरूपित किया गया है। कृष्ण के चरित्र को शासक, कूटनीतिज्ञ और व्याख्याकार आदि के रूपों में इतिहास के वृहत परिप्रेक्ष्य में देखने का प्रयास किया गया है। आलोचकों ने इस काव्य-रचना में वैयक्तिकता पर ऐकान्तिक बल देने की प्रवृत्ति के साथ अस्तित्ववादी दर्शन के क्षणबोध की कांति भी देखी है।

'अन्धायुग' (1955) भारती जी का बहुचर्चित गीतिनाट्य है। इसमें महाभारत के 18वें दिन के युद्ध के बाद से प्रभास तीर्थ में कृष्ण की मृत्यु तक की कथा ली गयी है। यह एक समस्यामूलक कृति है। विश्वयुद्धों एवं भारत-पाक युद्ध की विभीषिकाओं की पृष्टभूमि में इसमें विश्वव्यापी कुण्ठा, निराशा, रक्तपात, प्रतिशोध, अंधी स्वार्थपरता, विवेकशून्यता तथा त्रासदी का चित्रण किया गया है। यह अंधों के माध्यम से ज्योति की कथाएँ अर्थात् युग के अंधेपन से उपजे अन्धकार में जीवन सत्य एवं मूल्यों की ज्योति को देखने,

समझने और ढूँढ़ने की कथा है। युद्ध में किसी की भी विजय नहीं होती, दोनों पक्ष हारते हैं और खोते हैं तथा अन्ततः पराजय मानवता और मानव मूल्यों की होती है। कृष्ण अर्थात् ईश्वर को मरना पड़ता है। न्यायी युयुत्सु को आत्महत्या करनी पड़ती है तथा अश्वत्थामा को सदा-सदा के लिए पीड़ित होकर जीने के लिए अभिशप्त होना पड़ता है। आधुनिक जीवन की त्रासदी को रोमांचक तरीकों से रचनाकार से चित्रित किया है।

रघुवीर सहाय

रघुवीर सहाय को नयी कविता के समर्थ कवियों में गिना जाता है। वे एक प्रभावशाली कवि होने के साथ-साथ कथाकार, निबन्ध लेखक, आलोचक, अनुवादक और पत्रकार भी थे। उनका जन्म 9 दिसम्बर 1929 को लखनऊ में हुआ था। इनकी सम्पूर्ण शिक्षा लखनऊ में ही हुई। 1951 में लखनऊ विश्वविद्यालय से अंग्रेज़ी साहित्य में एम.ए. किया। सन् 1955 में विमलेश्वरी सहाय के साथ विवाह हुआ। सन् 1946 से साहित्य सृजन प्रारम्भ कर दिया तथा पत्रकारिता का प्रारम्भ 1949 में 'दैनिक नवजीवन' (लखनऊ) से हुआ। वे नवजीवन में उपसम्पादक और सांस्कृतिक संवाददाता रहे। 'प्रतीक' में (1951-52) तथा आकाशवाणी के समाचार विभाग में उपसम्पादक (1953-57) के पद पर कार्यरत रहे। 'दिनमान' के प्रधान सम्पादक के रूप में 1969 से 1982 तक कार्य किया। 'नवभारत टाइम्स,' दिल्ली में भी विशेष संवाददाता रहे। कुछ समय तक 'कल्पना' के सम्पादन में भी जुड़े रहे। रघुवीर सहाय का निधन 30 दिसम्बर 1990 में दिल्ली में हुआ।

पुरस्कार तथा सम्मान : रघुवीर सहाय को वर्ष 1982 में उनकी पुस्तक 'लोग भूल गये हैं' (काव्य संग्रह) हेतु साहित्य अकादेमी पुरस्कार दिया गया।

रचना संसार : रघुवीर सहाय, अज्ञेय द्वारा सम्पादित 'दूसरा सप्तक' (1951) के प्रमुख कवि हैं। उनकी रचनाओं में प्रयुक्त विशिष्ट काव्य शैली से उनमें उपेक्षित प्राणवत्ता का संचार हुआ है। उनकी कविताएँ आज़ादी के बाद विशेष रूप से सन् 60 के बाद के भारत की तस्वीर को सभग्रता से प्रस्तुत करती हैं।

कविता संग्रह :

सीढ़ियों पर धूप (1960)
आत्महत्या के विरुद्ध (1967)
हँसो, हँसो जल्दी हँसो (1972)
लोग भूल गये हैं (1984)

कुछ पते कुछ चिट्ठियाँ (1989)

एक समय था (2005)

कहानी संग्रह :

रास्ता इधर से है (1972)

जो आदमी हम बना रहे हैं (1982)

निबन्ध संग्रह :

दिल्ली मेरा परदेस (1976)

लिखने का कारण (1978)

ऊबे हुए सुखी (1983)

वे और नहीं होंगे जो मारे जायेंगे (1983)

भँवरें, लहरें और तरंग (1983)

अर्थात् (1994)

यथार्थ का अर्थ

अनुवाद :

बारह हँगरी कहानियाँ विनेकानन्द (रोमा रोलाँ), जेको (युगोस्लावी उपन्यास—लेखक—येर्ज़ी आन्द्रज़ेएत्स्की), राख और हीरे (पोलिश उपन्यास—लेखक—येर्ज़ी आन्द्रज़ेएत्स्की) तथा वरनम वन (मेकबेथ-शेक्सपियर) शीर्षक से हिन्दी भाषान्तर भी समय-समय पर प्रकाशित हुए हैं।

रचना वैशिष्टय : रघुवीर सहाय नयी कविता के दौर के एक बड़े और स्थापित कवि हैं। उनके जीवन के दो शहर-लखनऊ और दिल्ली, जो लोकतान्त्रिक व्यवस्था के भीतर सत्ता के दुष्चक्रों के आदि केन्द्र रहे हैं, उनके अनुभव उन्हें जनकवि बनाते हैं। मंगलेश डबराल उनकी कविता के बारे में कहते हैं—"उनकी कम से कम बीस कविताएँ ऐसी हैं जिनमें मनुष्य पर आने वाले संकटों के बारे में एक प्रोफेटिक विज़न मिलता है, ऐसी चेतावनियाँ मिलती हैं जैसी उनके पूर्ववर्ती कवि मुक्तिबोध की कविताओं में जगह-जगह मिलती हैं। (कवि का अकेलापन, पृ. 27)

'सीढ़ियों पर धूप' उनका पहला कविता संग्रह है, जिसमें 1950 से 1959 तक लिखी गयी कविताएँ संकलित हैं। इसमें एक ओर आभिजात्य वर्ग की मक्कारी को बखूबी समझने वाली तथा आमजन के हक में खड़ी लम्बी कविताएँ—'हम तो सारा का सारा लेंगे जीवन' हैं तो 'बसन्त' जैसी व्यापक अर्थवत्ता समेटे छोटी कविताएँ भी। वे 'दे दिया जाता हूँ' कविता में अपने अकेलेपन के छन जाने और अपनी वाणी के सीधे लोगों के कष्टों और संघर्षों से जुड़ जाने की बात

करते हैं, वहीं 'प्रभु की दया', 'पढ़िए गीता', 'नारी', 'सुकवि की मुश्किल' जैसी कविताएँ हिन्दी कविता के अतिरेकी अनुशासन को ध्वस्त करती उनमें पूरी तरह शामिल हो जाती हैं।

'आत्महत्या के विरुद्ध' उनका दूसरा काव्य संग्रह है जिसमें 1957-67 तक की कविताएँ संकलित हैं। इसमें संकलित कविताओं का समय भारतीय लोकतन्त्र में नेहरू नामक सम्मोहन के विदा लेने, बिखरे-टूटने सपनों वालों, आत्महत्या की कगार पर खड़े समाज का असन्तुष्ट, क्षुब्ध और हताश समय है। 'अधिनायक' कविता में लोकतन्त्र के लिए चुने गये राष्ट्रगान की पड़ताल के माध्यम से राष्ट्र की अवधारणा की पड़ताल है तथा यहाँ अधिनायक का विद्रूप होना एक बड़ा सवाल है। 'आत्महत्या के विरुद्ध' एक लम्बी आख्यानात्मक कविता है जिसमें वातावरण, घटनाएँ, संवाद, मनुष्यता का अँधेरा, भारतीय लोकतन्त्र में सत्ता का मेगास्ट्रक्चर आदि सब मिलकर एक अलग स्तर पर ले जाते हैं।

'हँसो, हँसो' जल्दी हँसो (1972) उनका तीसरा काव्य संग्रह है। इसकी 'दो अर्थ का भय' कविता के सन्दर्भ में मंगलेश डबराल कहते हैं—भाषा को अर्थहीन तथा विकृत करने की शासक वर्ग की कोशिशों के प्रति रघुवीर सहाय सजग रहे। उनकी यह कविता इन्हीं कोशिशों का विरोध करने वाली कविता है। (कवि का अकेलापन, पृ. 29)

स्वयं रघुवीर सहाय का भी अपने समय में यही आग्रह है—

...कहूँगा मैं,
मगर मुझे पाने दो
पहले ऐसी बोली
जिसके दो अर्थ न हों।

हँसो, हँसो, जल्दी हँसो इस संग्रह की अत्यन्त महत्त्वपूर्ण कविता है जिसमें नयी प्रचलित हँसी के बीच पुरानी हँसी हँसना एक जानलेवा व संगीन अपराध है। जहाँ खुश होकर नहीं हँसना है बल्कि प्रतिरोध योग्य प्रसंगों पर भी विवशता में हँसना है। 'रामदास' कविता आम नागरिक के जीवन का लगभग अन्तिम दस्तावेज़ है।

'लोग भूल गये हैं' उनका चौथा काव्य-संग्रह है। इसमें 'तुम्हारे विचार' नामक कविता में जनता के पक्ष में होने और सत्ता में रहकर जनता के पक्ष में हाने का स्वांग रचने के बीच टकराव है। 'रंगों का हमला' कविता अन्यायियों-अत्याचारियों को बेनकाब करने की पैरवी करती है। 'लोग भूल गये हैं' शीर्षक लम्बी कविता

एक समूची संस्कृति के अपराधों को बयान करती है। यह कौन सी संस्कृति है, इसका उत्तर वे अगली कविता 'आज़ादी' में देते हैं–

देश की बर्बरता
हत्याएँ, चीथड़े, खून और मैल आज भारतीय संस्कृति के मूल्य हैं।

'चिथड़ा-चिथड़ा मैं' कविता में हिंसक समय व समाज में चिथड़े होते हुए भी वे चिथड़ों की राजनीति की चेष्टा करते कतई नहीं दिखायी देते।

रघुवीर सहाय का मानना था–'जहाँ बहुत कला होगी वहाँ विचार नहीं होगा'। कुछ पते कुछ चिट्ठियाँ (1989) की 'आज की कविता' में वे कहते हैं–

आतंक कहाँ जा छिपा भागकर जीवन से
जो कविता की पीड़ा में अब दिख नहीं रहा?
हत्यारों के क्या लेखक साझीदार हुए
जो कविता हम सबको लाचार बनाती है।

उनके अन्तिम कविता संग्रह 'एक समय था' में कुछ कविताएँ मृत्युबोध से सम्बन्धित हैं। जिनमें 'हम दोनों', 'अभी लिखी नहीं गयी', 'चुपचाप', 'वट्ट को देखकर' प्रमुख हैं।

भाषा : रघुवीर सहाय की कविता की भाषा सामान्य आदमी की भाषा है। काव्य भाषा के सम्बन्ध में वे स्वयं कहते हैं–

'जीवन से बड़ी नहीं हो सकती रचना
अच्छा लिखने का अभिमान एक बोझ है
भाषा पर लादकर तुम उसे चल न दो।

उनकी भाषा सरल, सहज और बनावटीपन से मुक्त है।

सुदामा पाण्डेय 'धूमिल'

हिन्दी साहित्य की साठोत्तरी कविता के शलाका पुरुष तथा जनवादी कविता के केन्द्रीय कवि के रूप में प्रख्यात कवि धूमिल का जन्म 9 नवम्बर 1936 को वाराणसी जिले के खेवली ग्राम में हुआ था। इनके पिता का नाम श्री शिवनाथ तथा माता का नाम श्रीमती रजवन्ती देवी था। धूमिल की प्रारम्भिक शिक्षा गाँव खेवली (भतसार) की प्राइमरी पाठशाला में हुई। 1950 में सातवीं कक्षा उत्तीर्ण होने के पश्चात् 1953 में हरहुआ वाराणसी के कुर्मी क्षत्रिय इंटर कॉलेज से हाईस्कूल की परीक्षा उत्तीर्ण की। अर्थाभाव के चलते उनकी शिक्षा आगे नहीं चल पायी। धूमिल में 1958 में काशी हिन्दू विश्वविद्यालय से विद्युत व्यवसाय में डिप्लोमा की परीक्षा प्रथम श्रेणी में उत्तीर्ण की। पिता की असामयिक मृत्यु के कारण आजीविका की खोज में वे कलकत्ता चले गये और वहाँ लोहा ढोने का कार्य किया। उनके मित्र तारकनाथ पाण्डेय ने उनकी एक कम्पनी में नौकरी लगवा दी किन्तु अपने स्वभाव के कारण धूमिल लम्बे समय तक किसी भी नौकरी में टिक न सके। वर्षों की शारीरिक व मानसिक यन्त्रणा के फलस्वरूप ब्रेन ट्यूमर के कारण उनतालीस वर्ष की अल्पायु में ही 10 फरवरी 1975 को उनका निधन हो गया।

पुरस्कार एवं सम्मान : 1. धूमिल की प्रथम काव्यकृति 'संसद से सड़क तक' 1975 में मध्य प्रदेश शासन साहित्य परिषद् द्वारा 'मुक्तिबोध पुरस्कार' से पुरस्कृत हुई।

2. 'कल सुनना मुझे' काव्य-संग्रह के लिए 1979 का साहित्य अकादमी पुरस्कार प्राप्त हुआ।

रचना संसार : उन्होंने अपने जीवन काल में गीत, निबन्ध, कहानी तथा अनेक लोक विधाओं पर लेखनी चलाई। सबसे पहली रचना उन्होंने कथा 7 में पढ़ते हुए लिखी।

गीत संग्रह : 'बांसुरी जल गयी' (1961) यह उनके फुटकर एवं शुरुआती गीतों का संग्रह है जो आज उपलब्ध नहीं है।

काव्य संग्रह :

संसद से सड़क तक (1972)

कल सुनना मुझे (1977)

सुदामा पाण्डेय का प्रजातन्त्र (1904)

कहानियाँ : नयी पौध नया माली, कुसुम दीदी, फिर भी वह जिन्दा है आदि।

निबन्ध : नयी कविता और उसके बाद

डायरी : धूमिल की डायरी के अंश 'इंडिया टुडे' की साहित्यिक वार्षिकी में 'ये गुस्सैल आदमी की कविता नहीं' शीर्षक से प्रकाशित हैं।

पत्र : सहारनपुर में रहते हुए उन्होंने विनोद भारद्वाज को 28 पत्र प्रेषित किये थे। दो पत्र दिनांक 12.10.66 तथा 13.12.66 को काशीनाथ सिंह को लिखे गये हैं।

अनुवाद : सुकान्त भट्टाचार्य की बंगला कविताओं का हिन्दी अनुवाद भी किया जो 'सर्वनाम-II' तथा 'आवेग-II' में प्रकाशित हुआ।

धूमिल ने अपनी कविताओं में बार-बार कविता को परिभाषित किया है–

–"हर सार्थक कविता/पहले एक सार्थक वक्तव्य होती है।"

–"कविता, शब्दों की अदालत में
मुजरिम के कटघरे में खड़े बेकसूर आदमी का हलफ़नामा है।"

–कविता, भाषा में
आदमी होने की तमीज़ है।"

–कविता,
घेराव में
किसी बौखलाए हुए
आदमी का संक्षिप्त एकालाप है।"

धूमिल की लड़ाई समूची व्यवस्था से है इसीलिए जनता, जनतन्त्र, संविधान, आज़ादी, समाजवाद, संसद, न्यायपालिका इन सभी लोकतान्त्रिक शब्दावलियों की पड़ताल वे जनता की नज़रों से करते हैं।

संसद से सड़क तक (1972) उनका पहला काव्य संग्रह है जिसमें 'बीस साल बाद', 'अकाल दर्शन', 'मोचीराम', 'कवि-1970', 'कुत्ता', 'मुनासिब कारवाई', 'प्रौढ़ शिक्षा', 'मकान', 'भाषा की रात' और 'पटकथा' जैसी 26 कविताएँ संकलित हैं

जो सहज ही साठोत्तरी कविता का मुहावरा गढ़ने में सक्षम हैं। 'कवि 1970' में वे समकालीन कविता पर टिप्पणी करते हैं–

"इस वक्त जबकि कान नहीं सुनते हैं कविताएँ
कविता पेट से सुनी जा रही है।
X X X
इस वक्त जबकि कविता माँगती है
समूचा आदमी अपनी खुराक के लिए।"

उनकी कविताएँ न केवल परिवेश में उपस्थित विसंगतियों और बेहूदगियों को बेलौस उग्रता के साथ उघाड़ती हैं, बल्कि उनके पीछे कार्यरत लोगों के ख़िलाफ़ मुनासिब कार्रवाई की ओर भी ले जाती हैं।

उनके दूसरे संकलन 'कल सुनना मुझे' में कुल सैंतीस कविताएँ हैं जिनमें से कुछ विशिष्ट व्यक्तियों–जवाहरलाल नेहरू, शान्तिप्रिय द्विवेदी, लेनिन आदि पर लिखी गयी हैं तथा शेष में उनका, विशिष्ट यथार्थबोध व्यक्त हुआ है। संसद से सड़क तक की दूरी तय करता कवि अपनी वास्तविकता का बोध 'कल' करना चाहता है। उसे विश्वास है कि जिस संघर्ष एवं सामाजिक दायित्व का निर्वाह उसकी चेतना एवं लेखनी कर रही है, उसे सभी कल अवश्य सुनेंगे।

कवि धूमिल का तीसरा संकलन 'सुदामा पाण्डेय का प्रजातन्त्र' है जिसमें कुल इकसठ कविताएँ हैं। जिसमें 'न्यू गरीब हिन्दू होटल', 'तारा खबर' आदि कविताएँ अर्थाभाव से सम्बन्धित हैं। 'रात्रि भाषा' में सत्ता द्वारा मनुष्य के भीतरी आत्मगौरव को नष्ट करने उसके साहस को कुचलने की साजिश का वर्णन है। 'हत्यारे एक' में नेताओं पर तथा 'हत्यारे दो' में अन्य प्रकार के हत्यारों का वर्णन है जो वैचारिक दृष्टि से मनुष्य को पंगु बनाते हैं। 'मुक्ति का रास्ता', 'मतदाता', 'सिलसिला', जनशक्ति को व्यक्त करती कविताएँ हैं। प्रो. काशीनाथ सिंह ने उनकी काव्यभाषा के सम्बन्ध में लिखा है–"उनके टोन में जो बनारसी अक्खड़पन था, वही उनकी कविताओं में भी दिखायी पड़ता है। बड़े बेलौस से कहना, धारदार तरीके से कहना, ऐसा कथन कहना जिसमें पैनापन हो, तीखापन हो जो सीधे चोट करे उनका यह जो लहजा था, बनारसी परिवेश का ही था।"

डॉ. विद्यानिवास मिश्र का विचार है–"धूमिल ने भाषा से सरोकार अपने समकालीन बहुत से रचनाकारों से कुछ ज्यादा रखा। यह भाषा से सरोकार है–जीवन में सम्पृक्त व्यक्ति के खुरदरे पर कारगर अनुभव को उसके अनुरूप आक्रामक अभिव्यक्ति देने के लिए।"

धूमिल की भाषा में सम्बोधनात्मक प्रयोग भी उन्हें एक विशिष्ट पहचान देता है। उनकी कविता नये बिम्ब-विधान तथा नये सन्दर्भों में जनता के स्वर से स्वर मिलाती है। नामवर सिंह कहते हैं—"धूमिल में उनका गँवई अनुभव एवं किसानी संस्कार था। वह दुनिया को किसानी नज़र से देखते थे। इसलिए उनके बिम्ब, मुहावरे, प्रतीक आदि किसानी दुनिया से जुड़े।" हिन्दी कविता को नये तेवर देने वाले जनकवि धूमिल के विषय में अशोक वाजपेयी की यह उक्ति सटीक है—"धूमिल में शहराती बौद्धिकता और ग्रामीण संवेदना एक रचनात्मक तनाव की स्थिति में रहकर उनकी कविता के सन्दर्भ को व्यापक और ठोस बनाती है।" वे उग्र वामपन्थ की ओर तो मुड़े किन्तु निषेध या सिनिसिज्म की ओर नहीं। और इस प्रकार चेतना को आक्रान्त कर विद्रोह हेतु खड़ा करने वाली कविता के सृष्टा बने।

कवितानुक्रम

सच्चिदानन्द हीरानन्द वात्स्यायन 'अज्ञेय'

- घृणा का गान
- ब्राह्म मुहूर्त : स्वस्तिवाचन
- साँप
- बावरा अहेरी
- यह दीप अकेला
- नदी के द्वीप
- जो पुल बनाएँगे

घृणा का गान

सुनो, तुम्हें ललकार रहा हूँ, सुनो घृणा का गान!
तुम, जो भाई को अछूत कह वस्त्र बचा कर भागे,
तुम, जो बहिनें छोड़ बिलखती, बढ़े जा रहे आगे!
रुक कर उत्तर दो, मेरा है अप्रतिहत आह्वान—
सुनो, तुम्हें ललकार रहा हूँ, सुनो घृणा का गान!

तुम, जो बड़े-बड़े गद्दों पर ऊँची दुकानों में,
उन्हें कोसते हो जो भूखे मरते हैं खानों में,
तुम, जो रक्त चूस ठठरी को देते हो जल-दान—
सुनो, तुम्हें ललकार रहा हूँ, सुनो घृणा का गान!

तुम, जो महलों में बैठे दे सकते हो आदेश,
'मरने दो बच्चे, ले आओ खींच पकड़ कर केश!'

नहीं देख सकते निर्धन के घर दो मुट्ठी धान—
सुनो, तुम्हें ललकार रहा हूँ, सुनो घृणा का गान!

तुम, जो पा कर शक्ति कलम में हर लेने की प्राण—
'निःशक्तों' की हत्या में कर सकते हो अभिमान!
जिनका मत है, 'नीच मरें, दृढ़ रहे हमारा स्थान'—
सुनो, तुम्हें ललकार रहा हूँ, सुनो घृणा का गान!

तुम, जो मन्दिर में वेदी पर डाल रहे हो फूल,
और इधर कहते जाते हो, 'जीवन क्या है? धूल!'
तुम, जिस की लोलुपता ने ही धूल किया उद्यान—
सुनो, तुम्हें ललकार रहा हूँ, सुनो घृणा का गान!

तुम, सत्ताधारी, मानवता के शव पर आसीन,
जीवन के चिर-रिपु, विकास के प्रतिद्वन्द्वी प्राचीन,
तुम, श्मशान के देव! सुनो यह रण-भेरी की तान—
आज तुम्हें ललकार रहा हूँ, सुनो घृणा का गान!

ब्राह्म मुहूर्त : स्वस्तिवाचन

जियो उस प्यार में
जो मैंने तुम्हें दिया है,
उस दुःख में नहीं जिसे
बेझिझक मैंने पिया है।

उस गान में जियो
जो मैंने तुम्हें सुनाया है,
उस आह में नहीं जिसे
मैंने तुम से छिपाया है।

उस द्वार से गुजरो
जो मैंने तुम्हारे लिए खोला है,
उस अन्धकार से नहीं
जिस की गहराई को
बार-बार मैंने तुम्हारी रक्षा की
भावना से टटोला है।

वह छादन तुम्हारा घर हो
जिसे मैं असीसों से बुनता हूँ, बुनूँगा;
वे काँटे-गोखरू तो मेरे हैं
जिन्हें मैं राह से चुनता हूँ, चुनूँगा।

वह पथ तुम्हारा हो
जिसे मैं तुम्हारे हित बनाता हूँ, बनाता रहूँगा;
मैं जो रोड़ा हूँ, उसे हथौड़े से तोड़-तोड़
मैं जो कारीगर हूँ, करीने से
सँवारता-सजाता हूँ, सजाता रहूँगा।

सागर के किनारे तक
तुम्हें पहुँचाने का
उदार उद्यम ही मेरा हो :
फिर वहाँ जो लहर हो, तारा हो,
सोन-तरी हो, अरुण सवेरा हो,
वह सब, ओ मेरे वर्ग!
तुम्हारा हो, तुम्हारा हो, तुम्हारा हो।

साँप

साँप!
तुम सभ्य तो हुए नहीं
नगर में बसना
    भी तुम्हें नहीं आया
एक बात पूछूँ—[उत्तर दोगे?]
तब कैसे सीखा डँसना—
विष कहाँ पाया?

बावरा अहेरी

भोर का बावरा अहेरी
पहले बिछाता है आलोक की
    लाल-लाल कनियाँ

पर जब खींचता है जाल को
बाँध लेता है सभी को साथ :
छोटी-छोटी चिड़ियाँ
मँझोले परेवे
बड़े-बड़े पंखी
डैनों वाले, डील वाले
डौल के बैडौल
    उड़ने जहाज

कलस-तिसूल वाले मन्दिर-शिखर से ले
तारघर की नाटी मोटी चिपटी गोल धुस्सों वाली
उपयोग-सुन्दरी
बेपनाह काया को :
गोधूली की धूल को, मोटरों के धुएँ को भी
पार्क के किनारे पुष्पिताग्र कर्णिकार की आलोक-खची तन्वि रूप-रेखा को
और दूर कचरा जलाने वाली कल की उद्दण्ड चिमनियों को, जो
धुआँ यों उगलती हैं मानो उसी मात्र से अहेरी को हरा देगी!
बावरे अहेरी रे
कुछ भी अवध्य नहीं तुझे, सब आखेट हैः
एक बस मेरे मन-विवर की दुबकी कलौंस को
    दुबकी ही छोड़ कर क्या तू चला जाएगा?
ले, मैं खोल देता हूँ कपाट सारे
मेरे इस खंडहर की शिरा-शिरा छेड़ के
    आलोक की अनी से अपनी,

गढ़ सारा ढाह कर ढूह भर कर देः
विफल दिनों की तू कलौंस पर माँज जा
मेरी आँखे आँज जा
    कि तुझे देखूँ
देखूँ और मन में कृतज्ञता उमड़ आये
पहनूँ सिरोपे–से ये कनक-तार तेरे–
    बावरे अहेरी रे!

यह दीप अकेला

यह दीप अकेला, स्नेह-भरा
है गर्व-भरा मदमाता, पर
इसको भी पंक्ति को दे दो।
यह जन है : गाता गीत जिन्हें फिर कौन गायेगा?
पनडुब्बा : ये मोती सच्चे फिर कौन कृती लायेगा?
यह समिधा : ऐसी आग हठीला बिरला सुलगायेगा।
यह अद्वितीय : यह मेरा : यह मैं स्वयं विसर्जित :
यह दीप अकेला, स्नेह भरा
है गर्व-भरा मदमाता, पर
इसको भी पंक्ति को दे दो।

यह मधु है : स्वयं काल की मौना का युग-संचय
यह गोरस : जीवन-कामधेनु का अमृत-पूत पय
यह अंकुर : फोड़ धरा को रवि को तकता निर्भय
यह प्रकृत, स्वयंभू, ब्रह्म, अयुत
इसको भी शक्ति को दे दो।
यह दीप अकेला, स्नेह-भरा
है गर्व-भरा मदमाता, पर
इसको भी पंक्ति को दे दो।

यह वह विश्वास, नहीं जो अपनी लघुता में भी काँपा
वह पीड़ा, जिसकी गहराई को स्वयं उसी ने नापा
कुत्सा, अपमान, अवज्ञा के धुँधुआते कड़वे तम में
यह सदा द्रवित, चिर-जागरूक, अनुरक्त-नेत्र
उल्लम्ब-बाहु यह चिर-अखण्ड अपनापा।
जिज्ञासु, प्रबुद्ध, सदा श्रद्धामय
इसको भक्ति को दे दो।
यह दीप अकेला, स्नेह भरा,
है गर्व-भरा मदमाता, पर
इसको भी पंक्ति को दे दो।

नदी के द्वीप

हम नदी के द्वीप हैं।
हम नहीं कहते कि हमको छोड़कर स्रोतस्विनी बह जाय।
वह हमें आकार देती है।
हमारे कोण, गलियाँ, अन्तरीप, उभार, सैकत-कूल
सब गोलाइयाँ उसकी गढ़ी हैं।

माँ है वह। है, इसी से हम बने हैं।

किन्तु हम हैं द्वीप। हम धारा नहीं हैं।
स्थिर समर्पण है हमारा। हम सदा से द्वीप हैं स्रोतस्विनी के
किन्तु हम बहते नहीं हैं। क्योंकि बहना रेत होना है।
हम बहेंगे तो रहेंगे ही नहीं।
पैर उखड़ेंगे। प्लवन होगा। ढहेंगे। सहेंगे। बह जायेंगे।

और फिर हम चूर्ण होकर भी कभी क्या धार बन सकते?
रेत बनकर हम सलिल को तनिक गँदला ही करेंगे।
अनुपयोगी ही बनायेंगे।

द्वीप हैं हम! यह नहीं हैं शाप। यह अपनी नियति है।
हम नदी के पुत्र हैं। बैठे नदी की क्रोड़ में।
वह बृहद् भूखण्ड से हम को मिलाती है।
और वह भूखण्ड अपना पितर है।

नदी तुम बहती चलो।
भूखण्ड से जो दाय हमको मिला है, मिलता रहा है,
माँजती, संस्कार देती चलो। यदि ऐसा कभी हो—
तुम्हारे आह्लाद से या दूसरों के किसी स्वैराचार से, अतिचार से,
तुम बढ़ो, प्लावन तुम्हारां घरघराता उठे—
यह स्रोतस्विनी ही कर्मनाशा कीर्तिनाशा घोर काल प्रवाहिनी बन जाय—

तो हमें स्वीकार है वह भी। उसी में रेत होकर।
फिर छनेंगे हम। जमेंगे हम। कहीं फिर पैर टेकेंगे।

कहीं फिर से खड़ा होगा नये व्यक्तित्व का आकार।
मातः, उसे फिर संस्कार तुम देना।

जो पुल बनायेंगे

जो पुल बनायेंगे
वे अनिवार्यतः
पीछे रह जायेंगे।
सेनाएँ हो जायेंगी पार
मारे जायेंगे रावण
जयी होंगे राम,
जो निर्माता रहे
इतिहास में
बन्दर कहलायेंगे।

शमशेर बहादुर सिंह

- उषा
- एक पीली शाम
- बात बोलेगी
- चुका भी हूँ मैं नहीं!
- काल, तुझसे होड़ है मेरी
- ओ मेरे घर
- मेरे समय को

उषा

प्रात नभ था बहुत नीला शंख जैसे
भोर का नभ

राख से लीपा हुआ चौका
(अभी गीला पड़ा है)

बहुत काली सिल ज़रा से लाल केसर से
कि जैसे धुल गयी हो

स्लेट पर या लाल खड़िया चाक
            मल दी हो किसी ने
नील जल में या किसी की
            गौर झिलमिल देह
जैसे हिल रही हो।
और...
जादू टूटता है इस उषा का अब
सूर्योदय हो रहा है।

एक पीली शाम

एक पीली शाम
    पतझर का ज़रा अटका हुआ पत्ता
शान्त

मेरी भावनाओं में तुम्हारा मुखकमल
कृश म्लान हारा-सा
(कि मैं हूँ वह
मौन दर्पण में तुम्हारे कहीं?)

वासना डूबी
शिथिल पल में
स्नेलह काजल में
लिये अद्‌भुत रूप-कोमलता

अब गिरा अब गिरा वह अटका हुआ आँसू
सान्ध्य तारक-सा
अतल में।

बात बोलेगी

बात बोलेगी,
हम नहीं।
भेद खोलेगी
बात ही।

सत्य का मुख
झूठ की आँखें
क्या—देखें!

सत्य का रुख
समय का रुख है :
अभय जनता को
सत्य ही सुख है
सत्य ही सुख।

दैन्य दानव; काल
भीषण; क्रूर
स्थिति; कंगाल
बुद्धि; घर मजूर।

सत्य का
क्या रंग है?—
पूछो
एक संग।
एक—जनता का
दुःख : एक।
हवा में उड़ती पताकाएँ
अनेक।

दैन्य दानव। क्रूर स्थिति।
कंगाल बुद्धि : मजूर घर भर।
एक जनता का—अमर वर :
एकता का स्वर।
—अन्यथा स्वातन्त्र्य-इति।

चुका भी हूँ मैं नहीं!

चुका भी हूँ मैं नहीं
कहाँ किया मैंने प्रेम
अभी।

जब करूँगा प्रेम
पिघल उठेंगे
युगों के भूधर
उफन उठेंगे
सात सागर।

किन्तु मैं हूँ मौन आज
कहाँ सजे मैंने साज
अभी।

सरल से भी गूढ़, गूढ़तर
तत्त्व निकलेंगे
अमित विषमय
जब मथेगा प्रेम सागर
हृदय।
निकटतम सबकी
अपर शौर्यों की
तुम
तब बनोगी एक
गहन मायामय
प्राप्त सुख
तुम बनोगी तब
प्राप्य जय!

काल, तुझसे होड़ है मेरी

काल
तुझसे होड़ है मेरी : अपराजित तू—
तुझमें अपराजित मैं वास करूँ।
इसीलिए तेरे हृदय में समा रहा हूँ
सीधा तीर-सा, जो रुका हुआ लगता हो—
कि जैसा ध्रुव नक्षत्र भी न लगे,
एक एकनिष्ठ, स्थिर, कालोपरि
भाव, भावोपरि
सुख, आनन्दोपरि
सत्य, सत्यासत्योपरि

मैं—तेरे भी, ओ 'काल' ऊपर!
सौन्दर्य यही तो है, जो तू नहीं है, ओ काल!

जो मैं हूँ—
मैं कि जिसमें सब कुछ है...

क्रान्तियाँ, कम्यून,
कम्यूनिस्ट समाज के
नाना कला विज्ञान और दर्शन के
जीवन्त वैभव से समन्वित
व्यक्ति मैं।

मैं, जो वह हरेक हूँ
जो, तुझसे, ओ काल, परे है

ओ मेरे घर

ओ मेरे घर
ओ हे मेरी पृथ्वी
साँस के एवज़ तूने क्या दिया मुझे
—ओ मेरी माँ?

तूने युद्ध ही मुझे दिया
प्रेम ही मुझे दिया क्रूरतम कटुतम
और क्या दिया
मुझे भगवान दिए कई-कई
मुझसे भी निरीह मुझसे भी निरीह!
और अद्भुत शक्तिशाली मकानीकी प्रतिमाएँ!

ऐसी मुझे ज़िन्दगी दी
ओह

आँखें दीं जो गीली मिट्टी का बुदबुद-सी हैं
और तारे दिए मुझे अनगिनती
        साँसों की तरह
                अनगिनती इकाइयों में
                        मुझसे लगातार दूर जाते
मौत की व्यर्थ प्रतीक्षाओं-से!

और दी मुझे एक लम्बे नाटक की
हँसी
फैली हुई
दर्शकशाला के इस छोर से उस छोर तक
लहराती कटु-क्रर

फिर मुझे जागना दिया, यह कहकर कि
लो और सोओ
और वही तलवार अँधेरे की
अंतिम लोरियों के बजाय!

इनसान के अँखौटे में डालकर मुझे
सब कुछ तो दे दिया:
जब मुझे मेरे कवि का बीज दिया कटु-तिक्त।

फिर एक ही जन्म में और क्या-क्या
चाहिए!

मेरे समय को

मेरे समय को एक काश की तरह काट दिया गया है।

X X X

कवि एक बड़ा-सा तोता है, जैसे कि मैं।
जिसे उसके संरक्षक पालते हैं
कई होते हैं वो।

X X X

शतरंज का एक खाना है
जिसमें तुम मुझे ऊपर उठाकर रखते हो
हवा में कुछ देर अँगूठे और अँगुलियों के बीच
अनिश्चय में थामे हुए
जिस समय मैं समझता हूँ कि यह
मेरी कल्पनाशीलता का लोक है
मगर जो वास्तव में एक बारीक काट है
रुके हुए साँस की।

नागार्जुन

- उनको प्रणाम
- अकाल और उसके बाद
- कल्पना के पुत्र हे भगवान
- कर दो वमन
- प्रतिबद्ध हूँ
- आए दिन बहार के
- शासन की बन्दूक

उनको प्रमाण!

जो नहीं हो सके पूर्ण-काम
मैं उनको करता हूँ प्रणाम।

कुछ कंठित औ' कुछ लक्ष्य-भ्रष्ट
जिनके अभिमन्त्रित तीर हुए;
रण की समाप्ति के पहले ही
जो वीर रिक्त तूणीर हुए!
—उनको प्रणाम!

जो छोटी-सी नैया लेकर
उतरे करने को उदधि-पार;
मन की मन में ही रही, स्वयं
हो गये उसी में निराकार!
—उनको प्रणाम!

जो उच्च शिखर की ओर बढ़े
रह-रह नव-नव उत्साह भरे;
पर कुछ ने ले ली हिम-समाधि
कुछ असफल ही नीचे उतरे!
—उनको प्रणाम!

एकाकी और अकिंचन हो
जो भू-परिक्रमा को निकले;

हो गये पंगु, प्रति-पद जिनके
इतने अकृष्ट के दाव चले!
—उनको प्रणाम!

कृत-कृत नहीं जो हो पाये;
प्रत्युत फाँसी पर गये झूल
कुछ ही दिन बीते हैं फिर भी
यह दुनिया जिनको गयी भूल!
—उनको प्रणाम!

थी उग्र साधना, पर जिनका
जीवन नाटक दुःखांत हुआ;
था जन्म-काल में सिंह लग्न
पर कुसमय ही देहान्त हुआ!
—उनको प्रणाम!

दृढ़ व्रत औ' दुर्दम साहस के
जो उदाहरण थे मूर्ति-मन्त;
पर निरवधि बन्दी जीवन ने
जिनकी धुन का कर दिया अन्त!
—उनको प्रणाम!

जिनकी सेवाएँ अतुलनीय
पर विज्ञापन से रहे दूर
प्रतिकूल परिस्थिति ने जिनके
कर दिए मनोरथ चूर-चूर!
—उनको प्रणाम!

अकाल और उसके बाद

कई दिनों तक चूल्हा रोया, चक्की रही उदास

कई दिनों तक कानी कुतिया सोई उनके पास
कई दिनों तक लगी भीत पर छिपकलियों की गश्त
कई दिनों तक चूहों की भी हालत रही शिकस्त।

दाने आए घर के अन्दर कई दिनों के बाद
धुआँ उठा आँगन से ऊपर कई दिनों के बाद
चमक उठी घर भर की आँखें कई दिनों के बाद
कौए ने खुजलाई पाँखें कई दिनों के बाद।

कल्पना के पुत्र हे भगवान

कल्पना के पुत्र हे भगवान
चाहिए मुझको नहीं वरदान
दे सको तो दो मुझे अभिशाप
प्रिय मुझे है जलन, प्रिय सन्ताप
चाहिए मुझको नहीं यह शान्ति
चाहिए सन्देह, उलझन, भ्रांति
रहूँ मैं दिन-रात ही बेचैन
आग बरसाते रहें ये नैन
करूँ मैं उद्दण्डता के काम
लूँ न भ्रम से भी तुम्हारा नाम
करूँ जो कुछ, सो निडर, निश्शंक
हो नहीं यमदूत का आतंक
घोर अपराधी—सदृश हो नत बदन निर्वाक
बाप-दादों की तरह रगड़ूँ न मैं निज नाक—
मन्दिरों की देहली पर पकड़ दोनों कान
हे हमारी कल्पना के पुत्र, हे भगवान,
युगों से आराधना की, आ गये अब तंग
—झाल और मृदंग
शंख करता आ रहा था युगों से आक्रन्द
तुम न पिघले, पड़ गयी आवाज़ उसकी मन्द

न अब तक सुलझे तुम्हारे बाल
थक गयीं लाखों उँगालियाँ, हो गया अतिकाल
अँधेरे में रहे लोग टटोल—
ठोस हो या पोल?
हो गये नीरस तुम्हारी चिन्तना में—
व्यस्त होकर तर्क औ' अनुमान
हे हमारी कल्पना के पुत्र, हे भगवान!
परिधि यह संकीर्ण, इसमें ले न सकते साँस
गले को जकड़े हुए हैं यम—नियम के फाँस
—पुराने आचार और विचार
गगन में नीहारिकाओं को न करने दे रहे
अभिसार
छोड़कर प्रासाद खोजूँ खोह—
कह रहा है पूर्वजों का मोह
ज़ोर देकर कह रहे ये वेद और पुरान
मूल से चिपटे रहो नादान
बनूँ मैं सज्जन, सुशील विनीत
हार को समझा करूँ मैं जीत
क्रोध का अक्रोध से कर अन्त
बनूँ मैं आदर्श मानव सन्त
रह न जाये उष्णता कुछ रक्त में अवशिष्ट
गुरुजनों को भी यही था इष्ट
सड़ गयी है आँत
पर दिखाए जा रहे हैं दाँत
छोड़कर संकोच, तजकर लाज
दे रहा है गालियाँ यह जीर्ण-शीर्ण समाज
खोलकर बन्धन, मिटाकर नियति के आलेख
लिया मैंने मुक्ति पथ को देख
नदी कर ली पार, उसके बाद
नाव को लेता चलूँ क्यों पीठ पर मैं लाद
सामने फैला पड़ा शतरंज-सा संसार

स्वप्न में भी न इसको समझता निस्सार
इसी में भव, इसी में निर्वाण
इसी में तन-मन, इसी में प्राण
यहीं जड़-जंगम सचेतन औ' अचेतन जन्तु
यहीं, 'हाँ', 'ना', 'किन्तु' और 'परन्तु'
यहीं है सुख-दुख का अवबोध
यहीं हर्ष—विषाद, चिन्ता-क्रोध
यहीं है संभावना, अनुमान
यहीं स्मृति-विस्मृति सभी का स्थान
छोड़कर इसको कहाँ निस्तार
छोड़कर इसको कहाँ उद्धार
स्वजन-परिजन, इष्ट-मित्र, पड़ोसियों की याद
रहे आती, तुम रहो यों ही वितंडावाद
मूँद आँखें शून्य का ही करूँ मैं तो ध्यान?
कल्पना के पुत्र हे भगवान!

कर दो वमन

प्रभु तुम कर दो वमन!
होगा मेरी क्षुधा का शमन!!

स्वीकृत हो करुणामय,
अजीर्ण अन्नभोजी
अपंगों का नमन!

आते रहें यों ही यम की जम्हाइयों के झोंके
होने न पाये हरा यह चमन
प्रभु तुम कर दो वमन!

मार दें भीतर का भाप
उमगती दूबों का आवागमन

बुझ जाय तुम्हारी आँतों की गैस से
हिन्द की धरती का मन
प्रभु तुम कर दो वमन!
होगा हमारी क्षुधा का शमन!!

प्रतिबद्ध हूँ

प्रतिबद्ध हूँ
सम्बद्ध हूँ
आबद्ध हूँ

प्रतिबद्ध हूँ, जी हाँ, प्रतिबद्ध हूँ
बहुजन समाज की अनुपल प्रगति के निमित्त
संकुचित 'स्व' की आपाधापी के निषेधार्थ...
अविवेकी भीड़ की 'भेड़या-धसान' के खिलाफ...
अन्ध-बधिर 'व्यक्तियों' को सही राह बतलाने के लिए...
अपने आप को भी 'व्यामोह' से बारम्बार उबारने की खातिर...
प्रतिबद्ध हूँ, जी हाँ, शतधा प्रतिबद्ध हूँ!

सम्बद्ध हूँ, जी हाँ, सम्बद्ध हूँ...
सचर-अचर सृष्टि से...
शीत से, ताप से, धूप से, ओस से, हिमपात से...
राग से, द्वेष से, क्रोध से, घृणा से, हर्ष से, शोक से, उमंग से,
आक्रोश से...
निश्चय-अनिश्चय से, संशय-भ्रम से, क्रम से, व्यतिक्रम से...
निष्ठा-अनिष्ठा से, आस्था-अनास्था से, संकल्प-विकल्प से...
जीवन से, मृत्यु से, नाश-निर्माण से, शाप-वरदान से...
उत्थान से, पतन से, प्रकाश से, तिमिर से...
दम्भ से, मान से, अणु से, महान से...
लघु-लघुतर-लघुतम से, महा-महाविशाल से...
पल-अनुपल से, काल-महाकाल से...

पृथ्वी-पाताल से, ग्रह-उपग्रह से, नीहारिका-जल से...
रिक्त से, शून्य से, व्याप्ति-अव्याप्ति-महाव्याप्ति से...
अथ से, इति से, अस्ति से, नास्ति से...
सबसे और किसी से नहीं
और जाने किस-किस से...
सम्बद्ध हूँ, जी हाँ, शतधा सम्बद्ध हूँ।
रूप-रस-गंध और स्पर्श से, शब्द से...
नाद से, ध्वनि से, स्वर से, इंगित-आकृति से...
सच से, झूठ से, दोनों की मिलावट से...
विधि से, निषेध से, पुण्य से, पाप से...
उज्ज्वल से, मलिन से, लाभ से, हानि से...
गति से, अगति से, प्रगति से, दुर्गति से...
यश से, कलंक से, नाम-दुर्नाम से...
सम्बद्ध हूँ, जी हाँ, सम्बद्ध हूँ!

आबद्ध हूँ, जी हाँ, आबद्ध हूँ—
स्वजन-परिजन के प्यार की डोर में...
प्रियजन के पलकों की कोर में...
सपनीली रातों के भोर में...
बहुरूपा कल्पना रानी के आलिंगन-पाश में...
तीसरी-चौथी पीढ़ियों के दंतुरित शिशु-सुलभ हास में...
लाख-लाख मुखड़ों के तरुण हुलास में...
आबद्ध हूँ, जी हाँ, शतधा आबद्ध हूँ!

आये दिन बहार के!

'स्वेत-स्याम-रतनार' अँखिया निहार के
सिण्डकेटी प्रभुओं की पग-धूर झार के
लौटे हैं दिल्ली से कल टिकट मार के
खिले हैं दाँत ज्यों दाने अनार के
आए दिन बहार के!

बन गया निजी काम—
दिलाएँगे और अन्न दान के, उधार के
टल गये संकट यू.पी.-बिहार के
लौटे टिकट मार के
आये दिन बहार के!

सपने दिखे कार के
गगन-विहार के
सीखेंगे नखरे, समुन्दर-पार के
लौटे टिकट मार के
आये दिन बहार के!

शासन की बन्दूक

खड़ी हो गयी चाँपकर कंकालों की हूक
नभ में विपुल विराट-सी शासन की बन्दूक

उस हिटलरी गुमान पर सभी रहे हैं थूक
जिसमें कानी हो गयी शासन की बन्दूक

बढ़ी बधिरता दस गुनी, बने विनोबा मूक
धन्य-धन्य वह, धन्य वह, शासन की बन्दूक

सत्य स्वयं घायल हुआ, गयी अहिंसा चूक
जहाँ-तहाँ दगने लगी शासन की बन्दूक

जली ठूँठ पर बैठकर गई कोकिला कूक
बाल न बाँका कर सकी शासन की बन्दूक

गजानन माधव मुक्तिबोध

- मैं तुम लोगों से दूर हूँ
- कहने दो उन्हें जो यह कहते हैं
- भूल-गलती
- ब्रह्मराक्षस
- अँधेरे में : खण्ड-4

मैं तुम लोगों से इतना दूर हूँ

मैं तुम लोगों से इतना दूर हूँ
तुम्हारी प्रेरणाओं से मेरी प्रेरणा इतनी भिन्न है
कि जो तुम्हारे लिए विष है, मेरे लिए अन्न है।

मेरी असंग स्थिति में चलता-फिरता साथ है,
अकेले में साहचर्य का हाथ है,
उनका जो तुम्हारे द्वारा गर्हित हैं
किन्तु वे मेरी व्याकुल आत्मा में बिम्बित हैं, पुरस्कृत हैं
इसीलिए, तुम्हारा मुझ पर सतत आघात है!!
सबके सामने और अकेले में।
(मेरे रक्त-भरे महाकाव्यों के पन्ने उड़ते हैं
तुम्हारे-हमारे इस सारे झमेले में)

असफलता का धूल-कचरा ओढ़े हूँ
इसलिए कि वह चक्करदार ज़ीनों पर मिलती है
छल-छद्म धन के
किन्तु मैं सीधी-सादी पटरी-पटरी दौड़ा हूँ
जीवन की।
फिर भी, मैं अपनी सार्थकता से खिन्न हूँ
निज से अप्रसन्न हूँ
इसलिए कि जो है उससे बेहतर चाहिए
पूरी दुनिया साफ़ करने के लिए मेहतर चाहिए

वह मेहतर मैं हो नहीं पाता
पर, रोज़ कोई भीतर चिल्लाता है
कि कोई काम बुरा नहीं
बशर्ते कि आदमी खरा हो
फिर भी मैं उस ओर अपने को ढो नहीं पाता।
रिफ्रिजरेटरों, विटैमिनों, रेडियोग्रैमों के बाहर की
गतियों की दुनिया में
मेरी वह भूखी बच्ची मुनिया है शून्यों में
पेटों की आँतों में न्यूनों की पीड़ा है
छाती के कोषों में रहितों की व्रीड़ा है

शून्यों से घिरी हुई पीड़ा ही सत्य है
शेष सब अवास्तव अयथार्थ मिथ्या है भ्रम है
सत्य केवल एक जो कि
दुःखों का क्रम है।

मैं कनफटा हूँ हेठा हूँ
शेव्रलेट-डॉज के नीचे मैं लेटा हूँ
तेलिया लिबास में पुरज़े सुधारता हूँ
तुम्हारी आज्ञाएँ ढोता हूँ।

कहने दो उन्हें जो यह कहते हैं

कहने दो उन्हें जो यह कहते हैं—
'सफल जीवन बिताने में हुए असमर्थ तुम!
तरक्की के गोल-गोल
घुमावदार चक्करदार
ऊपर बढ़ते हुए जीने पर चढ़ने की
चढ़ते ही जाने की
उन्नति के बारे में

तुम्हारी ही ज़हरीली
उपेक्षा के कारण, निरर्थक तुम, व्यर्थ तुम!!'

कटी-कमर भीतों के पास खड़े ढेरों और
ढूहों में खड़े हुए खम्भों के खण्डहर में
बियाबान फैली है पूनों की चाँदनी,
आँगनों के पुराने-धुराने एक पेड़ पर।
अजीब-सी होती है, चारों ओर
वीरान-वीरान महक सुनसानों की
पूनों की चाँदनी की धूलि की धुन्ध में।
वैसे ही लगता है, महसूस यह होता है
'उन्नति' के क्षेत्रों में, 'प्रतिष्ठा' के क्षेत्रों में
मानव की छाती की, आत्मा की, प्राणों की
सोंधी गन्ध
कहीं नहीं, कहीं नहीं
पूनों की चाँदनी यह सही नहीं, सही नहीं;
केवल मनुष्यहीन वीरान क्षेत्रों में
निर्जन प्रसारों पर
सिर्फ एक आँख से
'सफलता' की आँख से
दुनिया को निहारती फैली है
पूनों की चाँदनी।
सूखे हुए कुओं पर झुके हुए झाड़ों में
बैठे हुए घुग्घुओं व चमगादड़ों के हित
जंगल के सियारों और
घनी-घनी छायाओं में छिपे हुए
भूतों और प्रेतों तथा
पिचाशों और बेतालों के लिए—
मनुष्य के लिए नहीं—फैली यह
सफलता की, भद्रता की,
कीर्ति-यश-रेशम की पूनों की चाँदनी।

मुझको डर लगता है,
मैं भी तो सफलता के चन्द्र की छाया मे
घुग्घू या सियार या
भूत नहीं कहीं बन जाऊँ।
उनको डर लगता है
आशंका होती है
कि हम भी जब हुए भूत
घुग्घू या सियार बने
तो अभी तक यही व्यक्ति
जिंदा क्यों?
उसकी वह विक्षोभी सम्पीड़ित आत्मा फिर
जीवित क्यों रहती है?
मरकर जब भूत बने
उसकी वह आत्मा पिशाच जब बन जाए
तो नाचेंगे साथ-साथ सूखे हुए पथरीले झरनों के तीरों पर
सफलता के चन्द्र की छाया में अधीर हो।
इसीलिए,
इसीलिए,
उनका और मेरा यह विरोध
चिरन्तन है, नित्य है, सनातन है।
उनकी उस तथाकथित
जीवन-सफलता के
खपरैलों-छेदों से
खिड़की की दरारों से
आती जब किरणें हैं
तो सज्जन वे, वे लोग
अचम्भित होकर, उन दरारों को, छेदों को
बन्द कर देते हैं;
इसीलिए कि वे किरणें
उनके लेखे ही आज

कम्यूनिज़्म है...गुण्डागर्दी है...विरोध है,
जिसमें छिपी है कहीं
मेरी बदमाशी भी।

मैं पुकारकर कहता हूँ–
'सुनो, सुननेवालो।
पशुओं के राज्य में जो बियाबान जंगल है
उसमें खड़ा है घोर स्वार्थ का प्रभीमकाय
बरगद एक विकराल।
उसके विद्रूप शत
शाखा-व्यूहों निहित
पत्तों के घनीभूत जाले हैं, जाले हैं।
तले में अँधेरा है, अँधेरा है घनघोर...
वृक्ष के तने से चिपट
बैठा है, खड़ा है कोई
पिशाच एक ज़बर्दस्त मरी हुई आत्मा का,
वह तो रखवाला है
घुग्घू के, सियारों के, कुत्तों के स्वार्थों का।
और उस जंगल में, बरगद के महाभीम
भयानक शरीर पर खिली हुई फैली है पूनों की चाँदनी
सफलता की, भद्रता की,
श्रेय-प्रेय-सत्यं-शिवं-संस्कृति की
खिलखिलाती चाँदनी।
अगर कहीं सचमुच तुम
पहुँच ही वहाँ गये
तो घुग्घू बन जाओगे।
सियार बन जाओगे।
आदमी कभी भी फिर
कहीं भी न मिलेगा तुम्हें।
पशुओं के राज्य में
जो पूनों की चाँदनी है

नहीं वह तुम्हारे लिए
नहीं वह हमारे लिए।

तुम्हारे पास, हमारे पास,
सिर्फ एक चीज़ है,
ईमान का डण्डा है,
बुद्धि का बल्लम है,
अभय की गेती है
हृदय की तगारी है—तसला है
नये-नये बनाने के लिए भवन
आत्मा के,
मनुष्य के,
हृदय की तगारी में ढोते हैं हमीं लोग
जीवन की गीली और
महकती हुई मिट्टी को।
जीवन-मैदानों में
लक्ष्य के शिखरों पर
नए किले बनाने में
व्यस्त हैं हमीं लोग
हमारा समाज यह जुटा ही रहता है।
पहाड़ी चट्टानों को
चढ़ान पर चढ़ाते हुए
हज़ारों भुजाओं से
ढकेलते हुए कि जब
पूरा शारीरिक ज़ोर
फुफ्फुस की पूरी साँस
छाती का पूरा दम
लगाने के लक्षण-रूप
चेहरे हमारे जब
बिगड़-से जाते हैं—
सूरज देख लेता है

दिशाओं के कानों में कहता है
दुर्गों के शिखर से
हमारे कन्धों पर चढ़
खड़े होने वाले ये
दूरबीन लगा कर नहीं देखेंगे—
कि मंगल में क्या-क्या है!!
चन्द्रलोक-छाया को मापकर
वहाँ के पहाड़ों की उँचाई नहीं नापेंगे,
वरन् स्वयं ही वे
विचरण करेंगे इन नए-नए लोकों में,
देश-काल-प्रकृति-सृष्टि-जेता ये।
इसलिए, अगर ये लोग
सड़क-छाप जीवन की धूल-धूप
मामूली रूप-रंग
लिए हुए होने से
तथाकथित 'सफलता' के
खच्चरों व टट्टुओं के द्वारा यदि
निरर्थक व महत्त्वहीन
करार दिये जाते हों
तो कहने दो उन्हें जो यह कहते हैं।

सामाजिक महत्त्व की
गिलौरियाँ खाते हुए,
असत्य की कुर्सी पर
आराम से बैठे हुए,
मनुष्य की त्वचाओं का पहने हुए ओवरकोट,
बन्दरों व रीछों के सामने
नयी-नयी अदाओं से नाच कर
झुठाई की तालियाँ देने से, लेने से,
सफलता के ताले ये खुलते हैं,
बशर्ते कि इच्छा हो

सफलता की,
महत्त्वाकांक्षा हो
अपने भी बरामदे
में थोड़ा सा फर्नीचर,
विलायती चमकदार
रखने की इच्छा हो
तो थोड़ी-सी सचाई में
बहुत-सी झुठाई घोल
सांस्कृतिक अदा से, अंदाज से
अगर बात कर सको

भले ही दिमाग में
खयालों के मरे हुए चूहे ही
क्यों न हों प्लेग के,
लेकिन, अगर कर सको
ऐसी जमी हुई ज़बान-दराज़ी और
सचाई का अंग-भंग
करते हुए झूठ का
बारीक सूत कात सको
तो गतिरोध और कंठरोध
मार्गरोध कभी भी न होगा फिर
कटवा चुके हैं हम पूँछ-सिर
तो तुम ही यों
हमसे दूर बाहर क्यों जाते हो?
जवाब यह मेरा है,
जाकर उन्हें कह दो कि सफलता के जंग-खाये
तालों और कुंजियों
की दुकान है कबाड़ी की।
इतनी कहाँ फुरसत हमें—
वक्त नहीं मिलता है
कि दुकान पर जा सकें।

अहंकार समझो या
सुपीरियारिटी कांपलेक्स
अथवा कुछ ऐसा ही
चाहो तो मान लो,
लेकिन सच है यह
जीवन की तथाकथित
सफलता को पाने की
हमको फुरसत नहीं,
खाली नहीं हम लोग!!
बहुत बिजी हैं हम।
जाकर उन्हें कह दे कोई
पहुँचा दे यह जवाब;
और अगर फिर भी वे
करते हों हुज्जत तो
कह दो कि हमारी साँस
जिसमें है आजकल
के रब्त-ज़ब्त तौर-तरीकों की तरफ़
ज़हरीली कड़ुवाहट,
ज़रा-सी तुम पी लो तो
दवा का एक डोज़ समझ,
तुम्हारे दिमाग के
रोगाणु मर जायेंगे
व शरीर में, मस्तिष्क में,
जबर्दस्त संवेदन-उत्तेजन
इतना कुछ हो लेगा
कि अकुलाते हुए ही, तुम
अँधेरे के खीमे को त्यागकर
उजाले के सुनहले मैदानों में
भागते आओगे;
जाकर उन्हें कह दे कोई,
पहुँचा दे यह जवाब!!

भूल-ग़लती

भूल-ग़लती
आज बैठी है जिरहबख़्तर पहनकर
तख़्त पर दिल के,
चमकते हैं खड़े हथियार उसके दूर तक,
आँखें चिलकती हैं नुकीले तेज़ पत्थर-सी;
खड़ी हैं सिर झुकाए
    सब कतारें
        बेजुबां बेबस सलाम में,
अनगिनत खम्भों व मेहराबों-थमे
            दरबारे आम में।

सामने
बेचैन घावों की अजब तिरछी लकीरों से कटा
चेहरा
कि जिस पर काँप
दिल की भाफ उठती है...
पहने हथकड़ी वह एक ऊँचा कद,
समूचे जिस्म पर लत्तर,
झलकते लाल लम्बे दाग़
बहते खून के।
वह कैद कर लाया गया ईमान...
सुलतानी निगाहों में निगाहें डालता,
बेखौफ नीली बिजलियों को फैंकता
खामोश !!
सब खामोश
मनसबदार,
शायर और सूफी,
अलगजाली, इब्ने सिन्ना, अलबरूनी

आलिमो फ़ाज़िल सिपहसालार, सब सरदार
हैं खामोश !!

नामंजूर
उसको ज़िन्दगी की शर्म की-सी शर्त
नामंजूर,
हठ इनकार का सिर तान...खुद-मुख़्तार
कोई सोचता उस वक्त-
छाये जा रहे हैं सल्तनत पर घने साये स्याह,
सुलतानी ज़िरहबख़्तर बना है सिर्फ मिट्टी का,
वो-रेत का-सा ढेर-शाहंशाह,
शाही धाक का अब सिर्फ सन्नाटा!!
(लेकिन, ना
जमाना साँप का काटा)
भूल (आलमगीर)
मेरी आपकी कमजोरियों के स्याह
लोहे का ज़िरहबख़्तर पहन, खूँख्वार
हाँ खूँख्वार आलीजाह,
वो आँखें सचाई की निकाले डालता
सब बस्तियाँ दिल की उजाड़े डालता
करता, हमें वह घेर,
बेबुनियाद, बेसिर-पैर...
हम सब कैद हैं उसके चमकते तामझाम में
शाही मुकाम में!!

इतने में, हमीं में से
अजीब कराह-सा कोई निकल भागा,
भरे दरबारे-आम में मैं भी
सँभल जागा!!
कतारों में खड़े खुदग़र्ज-बा-हथियार
बख़्तरबंद समझौते

सहमकर, रह गये,
दिल में अलग जबड़ा, अलग दाढ़ी लिए,
दुमुँहेपन के सौ तजुर्बों की बुजुर्गी से भरे,
दढ़ियल सिपहसालार संजीदा
सहमकर रह गये !!
लेकिन, उधर उस ओर,
कोई, बुर्ज़ के उस तरफ जा पहुँचा,
अँधेरी घाटियों के गोल टीलों, घने पेड़ों में
कहीं पर खो गया,
महसूस होता है कि वह बेनाम
बेमालूम दर्रों के इलाक़े में
(सचाई के सुनहले तेज़ अक्सों के धुँधलके में)
मुहैया कर रहा लश्कर;
हमारी हार का बदला चुकाने आयेगा
संकल्प-धर्मा चेतना का रक्तप्लावित स्वर,
हमारे ही हृदय का गुप्त स्वर्णाक्षर
प्रकट होकर विकट हो जायेगा !!

ब्रह्मराक्षस

शहर के उस ओर खण्डहर की तरफ
परित्यक्त सूनी बावड़ी
के भीतरी
ठण्डे अँधेरे में
बसीं गहराइयाँ जल की...
सीढ़ियाँ डूबी अनेकों
उस पुराने घिरे पानी में...
समझ में आ न सकता हो
कि जैसे बात का आधार
लेकिन बात गहरी हो।

बावड़ी को घेर
डालें खूब उलझी हैं,
खड़े हैं मौन औदुम्बर।
व शाखों पर
लटकते घुग्घुओं के घोंसले
परित्यक्त, भूरे, गोल।
विगत शत पुण्य का आभास
जंगली हरी कच्ची गन्ध में बसकर
हवा में तैर
बनता है गहन संदेह
अनजानी किसी बीती हुई उस श्रेष्ठता का जो कि
दिल में एक खटके-सी लगी रहती।

बावड़ी की इन मुंडेरों पर
मनोहर हरी कुहनी टेक
बैठी है टगर
ले पुष्प-तारे-श्वेत।

उसके पास
लाल फूलों का लहकता झौंर—
मेरी वह कन्हेर...
वह बुलाती एक खतरे की तरफ़ जिस ओर
अँधियारा खुला मुँह बावड़ी का
शून्य अम्बर ताकता है।

बावड़ी की उन घनी गहराइयों में शून्य
ब्रह्मराक्षस एक पैठा है,
व भीतर से उमड़ती गूँज की भी गूँज,
हड़बड़ाहट-शब्द पागल से।
गहन अनुमानिता
तन की मलिनता

दूर करने के लिए प्रतिपल
पाप-छाया दूर करने के लिए, दिन-रात
स्वच्छ करने—
ब्रह्मराक्षस
घिस रहा है देह
हाथ के पँजे, बराबर
बाँह-छाती-मुँह छपाछप
खूब करते साफ़,
फिर भी मैल
फिर भी मैल!!

और... होठों से
अनोखा स्तोत्र, कोई क्रुद्ध मन्त्रोच्चार,
अथवा शुद्ध संस्कृत गालियों का ज्वार,
मस्तक की लकीरें
बुन रहीं
आलोचनाओं के चमकते तार!!
उस अखण्ड स्नान का पागल प्रवाह....
प्राण में संवेदना है स्याह!!

किन्तु, गहरी बावड़ी
की भीतरी दीवार पर
तिरछी गिरी रवि-रश्मि
के उड़ते हुए परमाणु, जब
तल तक पहुँचते हैं कभी
तब ब्रह्मराक्षस समझता है, सूर्य ने
झुककर 'नमस्ते' कर दिया।

पथ भूलकर जब चाँदनी
की किरन टकराये
कहीं दीवार पर,

तब ब्रह्मराक्षस समझता है
वन्दना की चाँदनी ने
ज्ञान-गुरु माना उसे।

अति प्रफुल्लित कण्टकित तन-मन वही
करता रहा अनुभव कि नभ ने भी
विनत हो मान ली है श्रेष्ठता उसकी!!
और, तब दुगुने भयानक ओज से
पहचान वाला मन
सुमेरी-बेबिलोनी जन-कथाओं से
मधुर वैदिक ऋचाओं तक
व तब से आज तक के सूत्र
छन्दस्, मन्त्र, थियोरम,
सब प्रमेयों तक
कि मार्क्स, एंजेल्स, रसेल, टॉएन्बी
कि हीडेग्गर व स्पेंग्लर, सार्त्र, गाँधी भी
सभी के सिद्ध-अन्तों का
नया व्याख्यान करता वह
नहाता ब्रह्मराक्षस, श्याम
प्राक्तन बावड़ी की
उन घनी गहराइयों में शून्य।

...ये गरजती, गूँजती, आन्दोलिता
गहराइयों से उठ रही ध्वनियाँ, अतः
उद्भ्रान्त शब्दों के नये आवर्त में
हर शब्द निज प्रति-शब्द को भी काटता,
वह रूप अपने बिम्ब से ही जूझ
विकृताकार-कृति
है बन रहा
ध्वनि लड़ रही अपनी प्रतिध्वनि से यहाँ।

बावड़ी की इन मुँडेरों पर
मनोहर हरी कुहनी टेक सुनते हैं
टगर के पुष्प-तारे श्वेत
वे ध्वनियाँ!
सुनते हैं करौंदी के सुकोमल फूल
सुनता है उन्हें प्राचीन औदुम्बर
सुन रहा हूँ मैं वही
पागल प्रतीकों में कही जाती हुई
वह ट्रेजिडी
जो बावड़ी में अड़ गयी।

X X X

खूब ऊँचा एक ज़ीना साँवला
उसकी अँधेरी सीढ़ियाँ...
वे एक आभ्यन्तर निराले लोक की।
एक चढ़ना औ' उतरना,
पुनः चढ़ना औ' लुढ़कना,
मोच पैरों में
व छाती पर अनेकों घाव।
बुरे-अच्छे-बीच का संघर्ष
से भी उग्रतर
अच्छे व उससे अधिक अच्छे बीच का संगर
गहन किंचित सफलता,
अति भव्य असफलता!!
...अतिरेकवादी पूर्णता
की ये व्यथाएँ बहुत प्यारी हैं...
ज्यामितिक संगति-गणित
की दृष्टि से कृत
भव्य नैतिक मान
आत्मचेतन सूक्ष्म नैतिक भान—

...अतिरेकवादी पूर्णता की तुष्टि करना
कब रहा आसान
मानवी अन्तर्कथाएँ बहुत प्यारी हैं!!

रवि निकलता
लाल चिन्ता की रुधिर-सरिता
प्रवाहित कर दीवालों पर,
उदित होता चन्द्र
व्रण पर बाँध देता
श्वेत-धौली पट्टियाँ
उद्विग्न भालों पर।
सितारे आसमानी छोर पर फैले हुए
अनगिन दशमलव से
दशमलव-बिन्दुओं के सर्वतः
पसरे हुए उलझे गणित मैदान में
मारा गया, वह काम आया,
और वह पसरा पड़ा है...
वक्ष-बाँहें खुली फैलीं
एक शोधक की।

व्यक्तित्व वह कोमल स्फटिक प्रासाद-सा,
प्रासाद में ज़ीना
व ज़ीने की अकेली सीढ़ियाँ
चढ़ना बहुत मुश्किल रहा।
वे भाव-संगत तर्कसंगत
कार्य सामंजस्य-योजित
समीकरणों के गणित की सीढ़ियाँ
हम छोड़ दें उसके लिए।
उस भाव-तर्क व कार्य सामंजस्य-योजन
शोध में
सब पण्डितों, सब चिन्तकों के पास

वह गुरु प्राप्त करने के लिए
भटका!!

किन्तु युग बदला व आया कीर्ति-व्यवसायी
...लाभकारी कार्य में से धन,
व धन में से हृदय-मन,
और, धन-अभिभूत अन्तःकरण में से
सत्य की झाईं
निरन्तर चिलचिलाती थी।

आत्मचेतस् किन्तु इस
व्यक्तित्व में थी प्राणमय अनबन...
विश्वचेतस् बे-बनाव!!
महत्ता के चरण में था
विषादाकुल मन!
मेरा उसी से उन दिनों होता मिलन यदि
तो व्यथा उसकी स्वयं जीकर
बताता मैं उसे उसका स्वयं का मूल्य
उसकी महत्ता!
वह उस महत्ता का
हम सरीखों के लिए उपयोग,
उस आन्तरिकता का बताता मैं महत्त्व!!

पिस गया वह भीतरी
औ' बाहरी दो कठिन पाटों बीच,
ऐसी ट्रेजिडी है नीच!!

बावड़ी में वह स्वयं
पागल प्रतीकों में निरन्तर कह रहा
वह कोठरी में किस तरह
अपना गणित करता रहा

औ' मर गया...
वह सघन झाड़ी के कँटीले
तम-विवर में
मरे पक्षी-सा
विदा ही हो गया
वह ज्योति अनजानी सदा को सो गयी
यह क्यों हुआ!
क्यों यह हुआ!!
मैं ब्रह्मराक्षस का सजल-उर शिष्य
होना चाहता
जिससे कि उसका वह अधूरा कार्य,
उसकी वेदना का स्रोत
संगत, पूर्ण निष्कर्षों तलक
पहुँचा सकूँ।

अँधेरे में : खण्ड-4

अकस्मात्
चार का गजर कहीं खड़का,
मेरा दिल धड़का,
उदास मटमैला मनरूपी वल्मीक
चल-बिचल हुआ सहसा।
अनगिनत काली-काली हायफ़न-डैशों की लीकें
बाहर निकल पड़ीं, अन्दर घुस पड़ीं भयभीत,
सब ओर बिखराव।
मैं अपने कमरे में यहाँ लेटा हुआ हूँ।
काले-काले शहतीर छत के
हृदय दबोचते।
यद्यपि आँगन में नल ज़ोर मारता,
खूब खखारती पानी की धारा।
किन्तु, न शरीर में बल है

अँधेरे में गल रहा दिल यह।
एकाएक मुझे भान होता है जग का,
अखबारी दुनिया का फैलाव,
फँसाव, घिराव, तनाव है सब ओर,
पत्ते न खड़के,
सेना ने घेर ली हैं सड़कें।
बुद्धि की मेरी रग
गिनती है समय की धक्-धक्।
यह सब क्या है?
किसी जन-क्रान्ति के दमन-निमित्त यह
मॉर्शल-लॉ है!!

दम छोड़ रहे भाग गलियों में मेरे पैर,
साँस लगी हुई है,
जमाने की जीभ निकल पड़ी है,
कोई मेरा पीछा कर रहा है लगातार।
भागता मैं दम छोड़,
घूम गया कई मोड़,
चौराहा दूर से ही दीखता,
वहाँ शायद कोई सैनिक पहरेदार
नहीं होगा फिलहाल।
दीखता है सामने ही अन्धकार-स्तूप-सा
भयंकर बरगद—
सभी उपेक्षितों, समस्त वंचितों,
गरीबों का वही घर, वही छत,
उसके ही तल-खोह-अँधेरे में सो रहे
गृह-हीन कई प्राण।
अँधेरे में डूब गये
डालों में लटके जो मटमैले चिथड़े
किसी एक अति दीन

पागल के धन वे।
हाँ, वहाँ रहता है सिरफिरा कोई एक।

किन्तु, आज इस रात बात अजीब है!
वही जो सिरफिरा पागल कतई था
आज एकाएक वह
जागरति-बुद्धि है, प्रज्वलत्-धी है।
छोड़ सिरफिरापन,
बहुत ऊँचे गले से,
गा रहा कोई पद, कोई गान,
आत्मोद्बोधमय!!

खूब भई, खूब भई,
जानता क्या वह भी कि
सैनिक प्रशासन है नगर में वाकई!
क्या उसकी बुद्धि भी जग गयी!

(करुण रसाल वे हृदय के स्वर हैं
गद्यानुवाद यहाँ उनका दिया जा रहा)

"...ओ मेरे आदर्शवादी मन,
ओ मेरे सिद्धान्तवादी मन,
अब तक क्या किया?
जीवन क्या जिया!!

उदरम्भरि बन अनात्म बन गये,
भूतों की शादी में क़नात-से तन गये,
किसी व्यभिचारी के बन गये बिस्तर,

दुःखों के दागों को तमगों-सा पहना,
अपने ही खयालों में दिन-रात रहना,

असंग बुद्धि व अकेले में सहना,
ज़िन्दगी निष्क्रिय बन गयी तलघर,

अब तक क्या किया,
जीवन क्या जिया!!

बताओ तो किस-किसके लिए तुम दौड़ गये,
करुणा के दृश्यों से हाय! मुँह मोड़ गये,
बन गये पत्थर,

बहुत-बहुत ज्यादा लिया,
दिया बहुत-बहुत कम,
मर गया देश, अरे, जीवित रह गये तुम!!

लोकहित-पिता को घर से निकाल दिया,
जन-मन-करुणा-सी माँ को हंकाल दिया,
स्वार्थों के टेरियर कुत्तों को पाल लिया,
भावना के कर्तव्य...त्याग दिये!
हृदय के मन्तव्य...मार डाले!
बुद्धि का भाल ही फोड़ दिया,
तर्कों के हाथ उखाड़ दिये,
जम गये, जाम हुए, फँस गये,
अपने ही कीचड़ में धँस गये!!
विवेक बघार डाला स्वार्थों के तेल में
आदर्श खा गये!

अब तक क्या किया,
जीवन क्या जिया,
ज्यादा लिया और दिया बहुत-बहुत कम
मर गया देश, अरे, जीवित रह गये तुम!!"

मेरा सिर गरम है,
इसीलिए भरम है।
सपनों में चलता है आलोचन,
विचारों के चित्रों की अवलि में चिन्तन।
निजत्व-भाफ है बेचैन,
क्या करूँ, किससे कहूँ,
कहाँ जाऊँ, दिल्ली या उज्जैन?

वैदिक ऋषि शुनःशेप के
शापभ्रष्ट पिता अजीगर्त समान ही
व्यक्तित्व अपना ही, अपने से खोया हुआ,
वही उसे अकस्मात् मिलता था रात में,
पागल था दिन में,
सिरफिरा विक्षिप्त मस्तिष्क।

हाय, हाय!
उसने भी यह क्या गा दिया,
यह उसने क्या नया ला दिया,
प्रत्यक्ष,
मैं खड़ा हो गया खुद ही के सामने
निज की ही घन छाया-मूर्त्ति-सा गहरा
होने लगी बहस और
लगने लगे परस्पर तमाचे।
छिः पागलपन है,
वृथा आलोचन है।

गलियों में अन्धकार भयावह...
मानो मेरे कारण ही लग गया
मॉर्शल-लॉ वह,
मानो मेरी निष्क्रिय संज्ञा ने संकट बुलाया,

मानो मेरे कारण ही दुर्घट
हुई यह घटना।

चक्र से चक्र लगा हुआ है...
जितना ही तीव्र है द्वन्द्व क्रियाओं घटनाओं का
बाहरी दुनिया में,
उतनी ही तेजी से भीतरी दुनिया में,
चलता है द्वन्द्व कि
फ़िक्र से फ़िक्र लगी हुई है।
आज उस पागल ने मेरी चैन भुला दी,
मेरी नींद गँवा दी।
मैं इस बरगद के पास खड़ा हूँ।

मेरा यह चेहरा
धुलता है जाने किस अथाह गम्भीर, साँवले जल से,
झुके हुए गुमसुम टूटे हुए घरों के
तिमिर अतल से
धुलता है मन यह।
रात्रि के श्यामल ओस से क्षालित
कोई गुरु-गम्भीर महान् अस्तित्व
महकता है लगातार
मानो खण्डहर-प्रसारों में उद्यान
गुलाब-चमेली के, रात्रि-तिमिर में,
महकते हों, महकते ही रहते हों हर पल।
किन्तु वे उद्यान कहाँ हैं,
अँधेरे में पता नहीं चलता।
मात्र सुगन्ध है सब ओर,
पर, उस महक–लहर में
कोई छुपी वेदना, कोई गुप्त चिन्ता
छटपटा रही है छटपटा रही है।

भवानीप्रसाद मिश्र

- गीत-फरोश
- धरती उठाती है
- सतपुड़ा के जंगल
- टूटने का सुख
- चीज़ों का रूप
- कवि

गीत-फरोश

जी हाँ हुजूर, मैं गीत बेचता हूँ
मैं तरह-तरह के
गीत बेचता हूँ
मैं सभी किसिम के गीत
बेचता हूँ।

जी, माल देखिए दाम बताऊँगा,
बेकाम नहीं है, काम बताऊँगा,
कुछ गीत लिखे हैं मस्ती में मैंने,
कुछ गीत लिखे हैं पस्ती में मैंने,
यह गीत, सख्त सरदर्द भुलायेगा,
यह गीत पिया को पास बुलायेगा।
जी, पहले कुछ दिन शर्म लगी मुझ को
पर पीछे-पीछे अक्ल जगी मुझको;
जी, लोगों ने तो बेच दिये ईमान।
जी, आप न हों सुन कर ज्यादा हैरान।
मैं सोच-समझकर आखिर
अपने गीत बेचता हूँ,
जी हाँ, हुजूर, मैं गीत बेचता हूँ।
यह गीत सुबह का है, जा कर देखें,
यह गीत ग़ज़ब का है, ढा कर देखें;
यह गीत ज़रा सूने में लिखा था,
यह गीत वहाँ पूने में लिखा था।

यह गीत पहाड़ी पर चढ़ जाता है,
यह गीत बढ़ाये से बढ़ जाता है,
यह गीत भूख और प्यास भगाता है,
जी, यह मसान में भूत जगाता है;
यह गीत भुवाली की है हवा हुज़ूर
यह गीत तपेदिक की है दवा हुज़ूर।
मैं सीधे-साधे और अटपटे
          गीत बेचता हूँ,
          जी हाँ, हुज़ूर, मैं गीत बेचता हूँ।

जी, और गीत भी हैं, दिखलाता हूँ,
जी, सुनना चाहें आप तो गाता हूँ,
जी, छन्द और बे-छन्द पसन्द करें–
जी, अमर गीत और वे जो तुरन्त मरें।
ना, बुरा मानने की इसमें क्या बात,
मैं पास रखे हूँ क़लम और दावात–
इनमें से भाये नहीं, नये लिख दूँ?
जो नये चाहिए नहीं, गये लिख हूँ
इन दिनों कि दुहरा है कवि-धन्धा,
हैं दोनों चीज़ें व्यस्त, कलम, कन्धा।
कुछ घंटे लिखने के, कुछ फेरी के
जी, दाम नहीं लूँगा इस देरी के।
मैं नये पुराने सभी तरह के
          गीत बेचता हूँ।
          जी हाँ, हुज़ूर, मैं गीत बेचता हूँ।

जी, गीत जनम का लिखूँ, मरन का लिखूँ,
जी, गीत जीत का लिखूँ, शरण का लिखूँ,
यह गीत रेशमी है, यह खादी का,
यह गीत पित्त का है, यह बादी का।
कुछ और डिजायन भी हैं, ये इल्मी–

यह लीजे चलती चीज़ नयी, फ़िल्मी।
यह सोच-सोच कर मर जाने का गीत,
यह है दुकान से घर जाने का गीत,
जी नहीं, दिल्लगी की इसमें क्या बात?
मैं लिखता ही तो रहता हूँ दिन-रात।
तो तरह-तरह के बन जाते हैं गीत।
जी, रूठ-रूठ कर मन जाते हैं गीत।
जी, बहुत ढेर लग गया, हटाता हूँ
गाहक की मर्जी—अच्छा, जाता हूँ।
मैं बिलकुल अंतिम और दिखाता हूँ—
या भीतर जा कर पूछ आइये, आप।
हैं गीत बेचना वैसे बिलकुल पाप
क्या करूँ, मगर लाचार, हार कर
गीत बेचता हूँ।
जी हाँ, हुजूर, मैं गीत बेचता हूँ।

धरती उठाती है

धरती उठाती है मुझे ऊपर
आकाश
ताकता है नीचे भू पर ऐसे
जैसे अंक में लेना चाहता है
निश्शंक

मगर उसकी आँखों में
हिचक है थोड़ी-सी

यों कि धरती उछाल तो रही है मुझे ऊपर
मगर फिर से अंक में लेने के लिए मुझे

आकाश की गोद में
देने के लिए नहीं!

सतपुड़ा के घने जंगल

सतपुड़ा के घने जंगल
नींद में डूबे हुए-से
ऊँघते अनमने जंगल।

झाड़ ऊँचे और नीचे
चुप खड़े हैं आँख मीचे
घास चुप है, कास चुप है
मूक शाल, पलाश चुप है
बन सके तो धँसो इनमें,
धँस न पाती हवा जिनमें,
सतपुड़ा के घने जंगल
नींद में डूबे हुए-से
ऊँघते, अनमने जंगल।

सड़े पत्ते, गले पत्ते
हरे पत्ते, जले पत्ते
वन्य का पथ ढँक रहे-से
पंक-दल में पले पत्ते।
चलो इन पर चल सको तो,
दलो इनको दल सको तो

ये घिनौने-घने जंगल
नींद में डूबे हुए-से
ऊँघते, अनमने जंगल।

अटपटी-उलझी लताएँ,
डालियों को खींच खाएँ
पैर को पकड़ें अचानक

प्राण को कस लें कँपाएँ।
साँप-सी काली लताएँ
बला की पाली लताएँ

लताओं के घने जंगल
नींद में डूबे हुए-से
ऊँघते, अनमने जंगल।

मकड़ियों के जाल मुँह पर
और सर के बाल मुँह पर
मच्छरों के दंश वाले
दाग काले-लाल मुँह पर
वात-झन्झा वहन करते
चलो इतना सहन करते

कष्ट से ये सने जंगल,
नींद में डूबे हुए से
ऊँघते, अनमने जंगल।

अजगरों-से भरे जंगल
अगम, गति से परे जंगल
सात-सात पहाड़ वाले,
बड़े-छोटे झाड़ वाले
शेर वाले, बाघ वाले
गरज और दहाड़ वाले

कम्प से कनकने जंगल
नींद में डूबे हुए-से
ऊँघते अनमने जंगल।

इन वनों के खूब भीतर

चार मुर्गे, चार तीतर
पाल कर निश्चिन्त बैठे
विजन वन के बीच बैठे
झोंपडी पर फूस डाले
गोंड तगड़े और काले

जब कि होली पास आती
सरसराती घास गाती
और महुए से लपकती
मत्त करती बास आती
गूँज उठते ढोल इनके
गीत इनके, बोल इनके

सतपुड़ा के घने जंगल
नींद में डूबे हुए-से
उँघते, अनमने जंगल।

जागते अँगड़ाइयों में,
खोह-खड्डों खाइयों में
घास पागल, कास पागल
शाल और पलाश पागल
लता पागल, वात पागल
डाल पागल, पात पागल
मत्त मुर्गे और तीतर
इन वनों के खूब भीतर।

क्षितिज तक फ़ैला हुआ-सा
मृत्यु तक मैला हुआ-सा
क्षुब्ध काली लहर वाला
मथित, उत्थित ज़हर वाला,
मेरु वाला, शेष वाला

शम्भु और सुरेश वाला
एक सागर जानते हो
उसे कैसा मानते हो?

ठीक वैसे घने जंगल
नींद में डूबे हुए-से
ऊँघते, अनमने जंगल।

धँसो इनमें डर नहीं है
मौत का यह घर नहीं है
उतर कर बहते अनेकों
कल-कथा कहते अनेकों
नदी-निर्झर और नाले
इन वनों में गोद पाले।

लाख पंछी, सौ हिरन-दल
चाँद के कितने किरन दल
झूमते बन-फूल, फलियाँ
खिल रहीं अज्ञात कलियाँ
हरित दूर्वा, रक्त किसलय
पूत, पावन, पूर्ण रसमय

सतपुड़ा के घने जंगल
लताओं के बने जंगल।

टूटने का सुख

टूटने का सुख :
बहुत प्यारे बन्धनों को आज झटका लग रहा है,
टूट जायेंगे कि मुझको आज खटका लग रहा है,
आज आशाएँ कभी की चूर होने जा रही हैं,

और कलियाँ बिना खिले कुछ पूर होने जा रही हैं,
बिना इच्छा, मन बिना,
आज हर बन्धन बिना,
इस दिशा से उस दिशा तक छूटने का सुख!
टूटने का सुख।
शरद का बादल कि जैसे उड़ चले रसहीन कोई,
किसी को आशा नहीं जिससे कि सो यशहीन कोई,
नील नभ में सिर्फ उड़ कर बिखर जाना भाग जिसका,
अस्त होने के क्षणों में है कि हाथ सुहाग जिस का,
बिना पानी, बिना वाणी,
है विरस जिसकी कहानी,
सूर्य-कर से किन्तु किस्मत फूटने का सुख!
टूटने का सुख।
फूल श्लथ-बन्धन हुआ, पीला पड़ा, टपका कि टूटा,
तीर चढ़ा कर चाप पर, सीधा हुआ खिंच कर कि छूटा,
ये किसी निश्चित नियम, क्रम की सरासर सीढ़ियाँ हैं,
पाँव रख कर बढ़ रही जिस पर कि अपनी पीढ़ियाँ हैं
बिना सीढ़ी के बढ़ेंगे तीर के जैसे बढ़ेंगे,
इसलिए इन सीढ़ियों के फूटने का सुख!
टूटने का सुख।

चीज़ों का रूप

यह बहुत महत्त्वपूर्ण है
कि चीज़ें दिखती कैसी हैं
यह जो रात है इसका महत्त्व
इसके दिखने में है
और प्रभात का भी

चाहे जैसा दिखना सम्भव ही नहीं था
जवाहरलाल का

गाँधीजी का या विनोबा का
व्यक्तित्व वृक्षों का पहाड़ का या पहाड़ी का
उनके तने या ऊँचाइयों

या आँख-नाक-दाढ़ी का नहीं
समूचेपन का होता है
चेहरा सूरज का हो चाहे चाँद का
गलत नहीं है कि वह
दरपन होता है उनके मन का

और फिर वह चेहरा याने मन
बनाता है चीज़ों के सरापा रूप रंग
उगने और डूबने बनने और मिटने
उठने बैठने बोलने
रुकने बहने रहने सहने के ढंग

हिमालय के खड़े रहने का ढंग
उसका मन जाहिर करता है
ओंकारेश्वर होशंगाबाद या मंडला में
नर्मदा का रूप
उसका वहाँ—वहाँ का पन जाहिर करता है

तुम जो हँसते हो
और तब जैसे दिखते हो
वह तुम्हारे समूचेपन से भिन्न नहीं है
उसी तरह तुम्हारे व्यवहार की
हर तफ़सील तुम्हारा अंग है

चाहे तो एक अपवाद कर सकते हो
कवि के बारे में
उसका समूचापन

उसके दिखने से भी ज्यादा उसके
लिखने में आता है

मगर यह अपवाद भी
बहुत पक्का नहीं है
यहाँ भी जरा सोचें
रवीन्द्रनाथ को निराला को माखनलाल को
मैथिलीशरण को नवीन को

दिनकर को बच्चन को
महादेवी को प्रसाद को पन्त को
भारतेन्दु और पूर्ण के नाम
इसलिए नहीं ले रहा हूँ
कि उनकी सिर्फ तसवीरें देखी हैं

तसवीरें तो अनेक कारणों से
बनती बिगड़ती हैं
तसवीर सर्वश्रेष्ठ चेतन, आदमी की
छाया है आखिरकार
और दिखने का मतलब

केवल
चेहरा नहीं किसी का
कवि के समूचे लिखने में
उसके समूचे दिखने का हाथ
रहता है

कुल मिलाकर कवि जैसा दिखता है
वैसा दिखता है
और जिस तरह
आपके दिखने में आपका

जितना हाथ है या नहीं है
उसी तरह आपके लिखने में
आपका हाथ है या नहीं
चीज़ों का रूप
उनका स्वरूप है स्वभाव है
अनुकरण उनका रूप नहीं है

आपके काम आपके भीतर उतरते हैं
और उभरता है
आपका भीतर आपके बाहर
सवाल यही है कि
घर में समाज में अकेले में

कितने अनुरूप हैं आप अपने
दूसरों से लेना तो पड़ता है क्योंकि आप
अकेले नहीं हैं अखिल में है
मगर लिया है जो
सो आपके स्वभाव से संगत है

या विसंगत है
अनुकूल है या प्रतिकूल है
लेने के बाद वह आपमें
भिद गया है या बस गया है
आपको खोल गया है या कस गया है

हरी घास जो चमक रही है
सो यह कहने के लिए
कि सूरज जो चमक रहा है
वह मुझे अच्छा लग रहा है
बहुत अच्छा लग रहा है
और पोलर

जो पूँछ हिला रहा है
इतनी ज़ोर-ज़ोर से
सो इसलिए कि उसका पोर-पोर
अनुपम को दूर से आते देखकर

खुश हो गया है
स्वभाव चीज़ों का रूप है
और रूप स्वभाव है चीज़ों का
हिमालय के खड़े रहने का ढंग
जाहिर करता
उसका मन है!

कवि

कलम अपनी साध
और मन की बात बिल्कुल ठीक कह एकाध
यह कि तेरी-भर न हो तो कह,
और बहते बने सादे ढंग से तो बह।
जिस तरह हम बोलते हैं, उस तरह तू लिख,
और इसके बाद भी हमसे बड़ा तू दिख।
चीज़ ऐसी दे कि स्वाद सर चढ़ जाये,
बीज ऐसा बो कि जिसकी बेल बन बढ़ जाये।
फल लगें ऐसे कि सुख रस, सार और समर्थ
प्राण-संचारी कि शोभा-भर न जिसका अर्थ।

टेढ़ मत पैदा करे गति तीर की अपना,
पाप को कर लक्ष्य कर दे झूठ को सपना।
विन्ध्य, रेवा, फूल, फल, बरसात या गरमी,
प्यार प्रिय का, कष्ट-कारा, क्रोध या नरमी।
देश या कि विदेश, मेरा हो कि तेरा हो
हो विशद विस्तार, चाहे एक घेरा हो।
तू जिसे छू दे दिशा दिशा कल्याण हो उसकी,
तू जिसे गा दे सदा वरदान हो उसकी।

धर्मवीर भारती

- थके हुए कलाकार से
- गैरिक वाणी
- पराजित पीढ़ी का गीत
- बोआई गीत
- अन्धायुग
- विप्रलब्धा

से

सृजन की थकन भूल जा देवता!
अभी तो पड़ी है धरा अधबनी,

अभी तो पलक में नहीं खिल सकी
नवल कल्पना की मृदुल चाँदनी,
अभी अधखिली ज्योत्स्ना की कली
नहीं ज़िन्दगी की सुरभि में सनी!

अभी तो पड़ी है धरा अधबनी,
अधूरी धरा पर नहीं है कहीं

अभी स्वर्ग की नींव का भी पता!
सृजन की थकन भूल जा देवता!

रुका तू, गया रुक जगत का सृजन,
तिमिरमय नयन में डगर भूल कर

कहीं खो गयी रोशनी की किरन
अलस बादलों में कहीं सो गया
नयी सृष्टि का सात-रंगी सपन
रुका तू, गया रुक जगत का सृजन,

अधूरे सृजन से निराशा भली

...लय
...योजना खो गयी

...स निराशा तुझे हो गयी
...ध्वंस में मूर्च्छित-सी कहीं
पड़ी हो नयी ज़िन्दगी, क्या पता?
सृजन की थकन भूल जा देवता!

गैरिक वाणी

मेरी वाणी
गैरिक वसना
भूल गयी गोरे अंगों को
फूलों के वसनों में कसना
गैरिक वसना
मेरी वाणी!

अब विरागिनी
मेरा निज दुख, मेरा निज सुख
दोनां से तटस्थ रागिनी
अब विरागिनी
मेरी वाणी!

चन्दन-शीतल,
पीड़ा से परिशोधित स्वर में

तुम क्या जानोगे ओ प्रभु?
संघर्षों के ही अभ्यासी ये प्राण
हो जाते कितने बेचैन
छिन जाते हमसे जब शस्त्र, छिन जाते ईमान।

दो हमको फिर झूठे युद्ध
दो हमको फिर झूठे ध्येय
हारेंगे फिर यह है तय
फिर उसको मानेंगे हम प्रभु की हार
अपने को मानेंगे फिर अपराजेय।

हम सब के दामन पर दाग
हम सब की आत्मा में झूठ
हम सब के माथे पर शर्म,
हम सब के हाथों में टूटी तलवारों की मूठ।

हम सब सैनिक अपराजेय।

बोआई गीत

गोरी-गोरी सौंधी धरती कारे-कारे बीज
बदरा पानी दे!
क्यारी-क्यारी गूँज उठा संगीत
बोने वालो! नयी फसल में बोओगे क्या चीज़?
बदरा पानी दे!

मैं बोऊँगा बीर बहूटी, इन्द्रधनुष सतरंग
नये सितारे, नयी पीढ़ियाँ, नये धान का रंग!
बदरा पानी दे!

हम बोयेंगे हरी चुनरियाँ, कजरी, मेहँदी
राखी के कुछ सूत और सावन की पहली तीज!
बदरा पानी दे!

अन्धायुग

धृतराष्ट्र : कौन संजय?

विदुर : नहीं!
विदुर हूँ
महाराज।
विह्वल है सारा नगर आज
बचे-खुचे जो भी दस-बीस लोग
कौरव नगरी में हैं
अपलक नेत्रों से
कर रहे प्रतीक्षा हैं
संजय की।
[कुछ क्षण महाराज के उत्तर की प्रतीक्षा कर]
महाराज
चुप क्यों हैं इतने
आप
माता गान्धारी भी मौन हैं!

धृतराष्ट्र : विदुर!
जीवन में प्रथम बार
आज मुझे आशंका व्यापी है।

विदुर : आशंका?
आपको जो व्यापी है आज
वह वर्षों पहले हिला गयी थी सबको

धृतराष्ट्र : पहले पर कभी भी तुमने यह नहीं कहा...

विदुर : भीष्म ने कहा था,
गुरु द्रोण ने कहा था,
इसी अन्तःपुर में

आकर कृष्ण ने कहा था—
'मर्यादा मत तोड़ो
तोड़ी हुई मर्यादा
कुचले हुए अजगर-सी
गुंजलिका में कौरव-वंश को लपेट कर
सूखी लकड़ी-सा तोड़ डालेगी।'

धृतराष्ट्र : समझ नहीं सकते हो
विदुर तुम।
मैं था जन्मान्ध।
कैसे कर सकता था।
ग्रहण मैं
बाहरी यथार्थ या सामाजिक मर्यादा को?

विदुर : जैसे संसार को किया था ग्रहण
अपने अन्धेपन
के बावजूद

धृतराष्ट्र : पर वह संसार
स्वतः अपने अन्धेपन से उपजा था।
मैंने अपने ही वैयक्तिक संवेदन से जो जाना था
केवल उतना ही था मेरे लिए वस्तु-जगत्
इन्द्रजाल की माया-सृष्टि के समान
घने गहरे अँधियारे में
एक काले बिन्दु से
मेरे मन ने सारे भाव किये थे विकसित
मेरी सब वृत्तियाँ उसी से परिचालित थीं!
मेरा स्नेह, मेरी घृणा, मेरी नीति, मेरा धर्म
बिलकुल मेरा ही वैयक्तिक था।
उसमें नैतिकता का कोई बाह्य मापदण्ड था ही नहीं।
कौरव जो मेरी मांसलता से उपजे थे
वे ही थे अन्तिम सत्य
मेरी ममता ही वहाँ नीति थी,
मर्यादा थी।

विदुर : पहले ही दिन से किन्तु
आपका वह अन्तिम सत्य
—कौरवों का सैनिक-बल—
होने लगा था सिद्ध झूठा और शक्तिहीन
पिछले सत्रह दिन से
एक-एक कर
पूरे वंश के विनाश का
संवाद आप सुनते रहे।

धृतराष्ट्र : मेरे लिए वे संवाद सब निरर्थक थे।
मैं हूँ जन्मान्ध
केवल सुन ही तो सकता हूँ
संजय मुझे देते हैं केवल शब्द
उन शब्दों से जो आकार-चित्र बनते हैं
उनसे मैं अब तक अपरिचित हूँ
कल्पित कर सकता नहीं
कैसे दुःशासन की आहत छाती से
रक्त उबल रहा होगा,
कैसे क्रूर भीम ने अँजुली में
धार उसे
ओठ तर किये होंगे।

गान्धारी : **[कानों पर हाथ रखकर]**
महाराज।
मत दोहरायें वह
सह नहीं पाऊँगी।
[सब क्षण भर चुप]

धृतराष्ट्र : आज मुझे भान हुआ।
मेरी वैयक्तिक सीमाओं के बाहर भी
सत्य हुआ करता है
आज मुझे भान हुआ।
सहसा यह लगा कोई बाँध टूट गया है

कोटि-कोटि योजन तक दहाड़ता हुआ समुद्र
मेरे वैयक्तिक अनुमानित सीमित जग को
लहरों की विषय-जिह्वाओं से निगलता हुआ
मेरे अन्तर्मन में पैठ गया
सब कुछ बह गया
मेरे अपने वैयक्तिक मूल्य
मेरी निश्चिन्त किन्तु ज्ञानहीन आस्थाएँ।

विदुर : यह जो पीड़ा ने
पराजय ने
दिया है ज्ञान,
दृढ़ता ही देगा वह।

धृतराष्ट्र : किन्तु, इस ज्ञान ने
भय ही दिया है विदुर!
जीवन में प्रथम बार
आज मुझे आशंका व्यापी है।

विदुर : भय है तो
ज्ञान है अधूरा अभी।
प्रभु ने कहा था यह...
'ज्ञान जो समर्पित नहीं है
अधूरा है
मनोबुद्धि तुम अर्पित कर दो
मुझे।
भय से मुक्त होकर
तुम प्राप्त मुझे ही होगे
इसमें संदेह नहीं।'

गान्धारी : **[आवेश से]**
इसमें संदेह है
और किसी को मत हो
मुझको है।
'अर्पित कर दो मुझको मनोबुद्धि'
उसने कहा है यह

जिसने पितामह के वाणों से
आहत हो अपनी सारी ही
मनोबुद्धि खो दी थी?
उसने कहा है यह,
जिसने मर्यादा को तोड़ा है बार-बार?

धृतराष्ट्र : शान्त रहो
शान्त रहो,
गान्धारी शान्त रहो।
दोष किसी को मत दो।
अन्धा था मैं...

गान्धारी : लेकिन अन्धी नहीं थी मैं।
मैंने यह बाहर का वस्तु-जगत् अच्छी तरह जाना था
धर्म, नीति, मर्यादा, यह सब हैं केवल आडम्बर मात्र,
मैंने यह बार-बार देखा था।
निर्णय के क्षण में विवेक और मर्यादा
व्यर्थ सिद्ध होते आये हैं सदा
हम सब के मन में कहीं एक अन्ध गह्वर है।
बर्बर पशु अन्धा पशु वास वहीं करता है,
स्वामी जो हमारे विवेक का,
नैतिकता, मर्यादा, अनासक्ति, कृष्णार्पण
यह सब हैं अन्धी प्रवृत्तियों की पोशाकें
जिनमें कटे कपड़ों की आँखें सिली रहती हैं
मुझको इस झूठे आडम्बर से नफरत थी
इसालिए स्वेच्छा से मैंने इन आँखों पर पट्टी चढ़ा रक्खी थी।

विदुर : कटु हो गई हो तुम
गान्धारी!
पुत्रशोक ने तुमको अन्दर से
जर्जर कर डाला है!
तुम्हीं ने कहा था
दुर्योधन से...

गान्धारी : मैंने कहा था दुर्योधन से

धर्म जिधर होगा ओ मूर्ख!
उधर जय होगी!
धर्म किसी ओर नहीं था। लेकिन!
सब ही थे अन्धी प्रवृत्तियों से परिचालित
जिसको तुम कहते हो प्रभु
उसने जब चाहा
मर्यादा को अपने ही हित में बदल लिया।
वंचक है।

धृतराष्ट्र : शान्त रहो गान्धारी।

विदुर : यह कटु निराशा की
उद्धत अनास्था है।
क्षमा करो प्रभु!
यह कटु अनास्था भी अपने
चरणों में स्वीकार करो!
आस्था तुम लेते हो
लेगा अनास्था कौन?
क्षमा करो प्रभु!
पुत्र-शोक से जर्जर माता हैं गान्धारी।

गान्धारी : माता मत कहो मुझे
तुम जिसको कहते हो प्रभु
वह भी मुझे माता ही कहता है।
शब्द यह जलते हुए लोहे की सलाखों-सा
मेरी पसलियों में धँसता है।
सत्रह दिन के अन्दर
मेरे सब पुत्र एक-एक कर मारे गये
अपने इन हाथों से
मैंने उन फूलों-सी वधुओं की कलाइयों से
चूड़ियाँ उतारी हैं
अपने इस आँचल से
सेंदुर की रेखाएँ पोंछी हैं।
[नेपथ्य] जय हो

दुर्योधन की जय हो।
गान्धारी की जय हो।
मंगल हो,
नरपति धृतराष्ट्र का मंगल हो।

धृतराष्ट्र : देखो।
विदुर देखो! संजय आये।

गान्धारी : जीत गया
मेरा पुत्र दुर्योधन
मैंने कहा था
वह जीतेगा निश्चय आज।
[प्रहरी का प्रवेश]

प्रहरी : याचक है महाराज!
[याचक का प्रवेश]
एक वृद्ध याचक है।

विदुर : याचक है?
उन्नत ललाट
श्वेतकेशी
आजानुबाहु?

याचक : मैं वह भविष्य हूँ
जो झूठा सिद्ध हुआ आज
कौरव की नगरी में
मैंने मापा था, नक्षत्रों की गति को
उतारा था अंकों में।
मानव-नियति के
अलिखित अक्षर जाँचे थे।
मैं था ज्योतिषी दूर देश का।

धृतराष्ट्र : याद मुझे आता है
तुमने कहा था कि द्वन्द्व अनिवार्य है
क्योंकि उससे ही जय होगी कौरव-दल की।

याचक : मैं हूँ वही

आज मेरा विज्ञान सब मिथ्या ही सिद्ध हुआ।
सहसा एक व्यक्ति
ऐसा आया जो सारे
नक्षत्रों की गति से भी ज्यादा शक्तिशाली था।
उसने रणभूमि में
विषादग्रस्त अर्जुन से कहा–
'मैं हूँ परात्पर।
जो कहता हूँ करो
सत्य जीतेगा
मुझसे लो सत्य, मत डरो।'

विदुर : प्रभु थे वे!

गान्धारी : कभी नहीं!

विदुर : उनकी गति में ही
समाहित है सारे इतिहासों की,
सारे नक्षत्रों की दैवी गति।

याचक : पता नहीं प्रभु हैं या नहीं
किन्तु, उस दिन यह सिद्ध हुआ
जब कोई भी मनुष्य
अनासक्त होकर चुनौती देता है इतिहास को,
उस दिन नक्षत्रों की दिशा बदल जाती है।
नियति नहीं है पूर्वनिर्धारित–
उसको हर क्षण मानव-निर्णय बनाता-मिटाता है।

विप्रलब्धा

बुझी हुई राख, टूटे हुए गीत, डूबे हुए चाँद,
रीते हुए पात्र, बीते हुए क्षण-सा–
मेरा यह जिस्म
कल तक जो जादू था, सूरज था, वेग था
तुम्हारे आश्लेष में

आज वह जूड़े से गिरे हुए बेले-सा
टूटा है, म्लान है
दुगुना सूनसान है
बीते हुए उत्सव-सा, उठे हुए मेले-सा—
मेरा यह जिस्म—
टूटे खण्डहरों के उजाड़ अन्तःपुर में
छूटा हुआ एक साबित मणिजटित दर्पण-सा—
आधी रात देश-भरा बाहुहीन
प्यासा सर्पीला कसाव एक
जिसे जकड़ लेता
अपनी ग़ुजलक में :
अब सिर्फ मैं हूँ, यह तन है, और याद है

खाली दर्पण में धुँधला-सा एक प्रतिबिम्ब
मुड़-मुड़ लहराता हुआ
निज को दोहराता हुआ।
....
....

कौन था वह
जिसने तुम्हारी बाँहों के आवर्त में
गरिमा से तन कर समय को ललकारा था।

कौन था वह
जिसकी अलकों में जगत की समस्त गति
बेध कर पराजित थी।

कौन था वह
जिसके चरम साक्षात्कार का एक गहरा क्षण
सारे इतिहास से बड़ा था, सशक्त था।

कौन था कनु, वह
तुम्हारी बाँहों में
जो सूरज था, जादू था, दिव्य था, मन्त्र था
अब सिर्फ मैं हूँ, यह तन है और याद है।

मन्त्र-पढ़े बाण-से छूट गये तुम तो कनु,
शेष रही मैं केवल,
काँपती प्रत्यंचा-सी,
अब भी जो बीत गया,
उसी में बसी हुई
अब भी उन बाहों के छलावे में
बसी हुई
जिन रूखी हलकों में

मैंने समय की गति बाँधी थी—
हाय उन्हीं काले नागपाशों से
दिन-प्रतिदिन, क्षण-प्रतिक्षण बार-बार
डँसी हुई

अब सिर्फ मैं हूँ, यह तन है—
—और संशय है।
—बुझी हुई राख में छिपी चिनगारी-सा
रोते हुए पात्र की आखिरी बूँद-सा
पाकर खो देने की व्यथा-भरी गूँज-सा...

रघुवीर सहाय

- पढ़िए गीता
- अधिनायक
- पानी पानी
- आनेवाला खतरा
- हँसो हँसो जल्दी हँसो
- रामदास
- मुआवजा

पढ़िए गीता

पढ़िए गीता
बनिए सीता
फिर इन सबमें लगा पलीता
किसी मूर्ख की हो परिणीता
निज घरबार बसाइए ।

होंय कँटीली
आँखें गीली
लकड़ी सीली, तबियत ढीली
घर की सबसे बड़ी पतीली
भरकर भात पसाइए।

अधिनायक

राष्ट्रगीत में भला कौन वह
भारत-भाग्य-विधाता है
फटा सुथन्ना पहने जिसका
गुन हरचरना गाता है।
मखमल टमटम बल्लम तुरही
पगड़ी छत्र चँवर के साथ
तोप छुड़ाकर ढोल बजाकर
जय-जय कौन कराता है।
पूरब-पश्चिम से आते हैं

नंगे-बूचे नरकंकाल

सिंहासन पर बैठा, उनके
तमगे कौन लगाता है।
कौन-कौन है वह जन-गण-मन
अधिनायक वह महाबली
डरा हुआ मन बेमन जिसका
बाजा रोज बजाता है।

पानी पानी

पानी पानी
बच्चा बच्चा
हिन्दुस्तानी
माँग रहा है
पानी पानी

जिसको पानी नहीं मिला है
वह धरती आज़ाद नहीं
उस पर हिन्दुस्तानी बसते हैं
पर वह आबाद नहीं

पानी पानी
बच्चा बच्चा
माँग रहा है
हिन्दुस्तानी

जो पानी के मालिक हैं
भारत पर उनका कब्ज़ा है
जहाँ न दें पानी वाँ सूखा
जहाँ दें वहाँ सब्ज़ा है

अपना पानी
माँग रहा है
हिन्दुस्तानी

बरसों पानी को तरसाया
जीवन से लाचार किया
बरसों जनता की गंगा पर
तुमने अत्याचार किया

हमको अक्षर नहीं दिया है
हमको पानी नहीं दिया
पानी नहीं दिया तो समझो
हमको बानी नहीं दिया
अपना पानी
अपनी बानी हिन्दुस्तानी
बच्चा बच्चा माँग रहा है

धरती के अन्दर का पानी
हमको बाहर लाने दो
अपनी धरती अपना पानी
अपनी रोटी खाने दो

पानी पानी
पानी पानी
बच्चा बच्चा
माँग रहा है
अपनी बानी

पानी पानी
पानी पानी
पानी पानी

आने वाला ख़तरा

इस लज्जित और पराजित युग में
कहीं से ले आओ वह दिमाग़
जो खुशामद आदतन नहीं करता

कहीं से ले आओ निर्धनता
जो अपने बदले में कुछ नहीं माँगती
और उसे एक बार आँख-से-आँख मिलाने दो

जल्दी कर डालो कि फलने-फूलने वाले हैं लोग
औरतें पिएँगी आदमी खाएँगे—रमेश
एक दिन इसी तरह आएगा—रमेश
कि किसी की कोई राय न रह जाएगी—रमेश
क्रोध होगा पर विरोध न होगा
अर्ज़ियों के सिवाय—रमेश
ख़तरा होगा ख़तरे की घण्टी होगी
और उसे बादशाह बजाएगा—रमेश

हँसो हँसो जल्दी हँसो

हँसो तुम पर निगाह रखी जा रही है

हँसो अपने पर न हँसना क्योंकि उसकी कड़वाहट
पकड़ ली जाएगी और तुम मारे जाओगे
ऐसे हँसो कि बहुत खुश न मालूम हो
वरना शक होगा कि यह शख़्स शर्म में शामिल नहीं
और मारे जाओगे

हँसते-हँसते किसी को जानने मत दो किस पर हँसते हो
सबको मानने दो कि तुम सबकी तरह परास्त होकर
एक अपनापे की हँसी हँसते हो
जैसे सब हँसते हैं बोलने के बजाय

जितनी देर ऊँचा गोल गुंबद गूँजता रहे, उतनी देर
तुम बोल सकते हो अपने से
गूँज थमते-थमते फिर हँसना
क्योंकि तुम चुप मिले तो प्रतिवाद के जुर्म में फँसे
अंत में हँसे तो तुम पर सब हँसेंगे और तुम बच जाओगे

हँसो पर चुटकलों से बचो
उनमें शब्द हैं
कहीं उनमें अर्थ न हो जो किसी ने सौ साल साल पहले दिए हों

बेहतर है कि जब कोई बात करो तब हँसो
ताकि किसी बात का कोई मतलब न रहे
और ऐसे मौकों पर हँसो
जो कि अनिवार्य हों
जैसे ग़रीब पर किसी ताक़तवर की मार
जहाँ कोई कुछ कर नहीं सकता
उस ग़रीब के सिवाय
और वह भी अकसर हँसता है

हँसो हँसो जल्दी हँसो
इसके पहले कि वह चले जाएँ
उनसे हाथ मिलाते हुए
नज़रें नीची किए
उनको याद दिलाते हुए हँसो
कि तुम कल भी हँसे थे !

रामदास

चौड़ी सड़क गली पतली थी
दिन का समय घनी बदली थी
रामदास उस दिन उदास था
अंत समय आ गया पास था
उसे बता यह दिया गया था उसकी हत्या होगी

धीरे धीरे चला अकेले
सोचा साथ किसी को ले ले
फिर रह गया, सड़क पर सब थे
सभी मौन थे सभी निहत्थे
सभी जानते थे यह उस दिन उसकी हत्या होगी

खड़ा हुआ वह बीच सड़क पर
दोनों हाथ पेट पर रख कर
सधे क़दम रख कर के आये
लोग सिमट कर आँख गड़ाए
लगे देखने उसको जिसकी तय था हत्या होगी

निकल गली से तब हत्यारा
आया उसने नाम पुकारा
हाथ तौल कर चाकू मारा
छूटा लोहू का फव्वारा
कहा नहीं था उसने आखिर उसकी हत्या होगी

भीड़ ठेल कर लौट गया वह
मरा पड़ा है रामदास यह
देखो-देखो बार बार कह
लोग निडर उस जगह खड़े रह
लगे बुलाने उन्हें जिन्हें संशय था हत्या होगी

मुआवजा

अपना लिखा हुआ बार-बार पढ़ मुझे बल बहुत मिलता है
और यह अफसोस बिल्कुल नहीं होता कि लिखना बेकार था
मेरे लिखे को कभी कुछ लोग दुबारा छाप भी देते हैं
उद्धृत कर देते हैं उनमें से वे अंश जो आज के समाज में
सत्ता के शीर्ष के नजदीक निरापत्ति दिखते हैं
किन्तु उन निष्कर्षों को नहीं छापते जो मेरे तर्क से निःसृत थे।

सुदामा पाण्डेय 'धूमिल'

- मोचीराम
- प्रौढ़ शिक्षा
- गाँव
- रोटी और संसद
- मुनासिब कार्रवाई

मोचीराम

राँपी से उठी हुई आँखों ने मुझे
क्षण-भर टटोला
और फिर
जैसे पतियाये हुए स्वर में
वह हँसते हुए बोला–
बाबूजी सच कहूँ–मेरी निगाह में
न कोई छोटा है
न कोई बड़ा है
मेरे लिये, हर आदमी एक जोड़ी जूता है
जो मेरे सामने
मरम्मत के लिये खड़ा है।

और असल बात तो यह है
कि वह चाहे जो है
जैसा है, जहाँ कहीं है
आजकल
कोई आदमी जूते की नाप से
बाहर नहीं है
फिर भी मुझे ख्याल रहता है
कि पेशेवर हाथों और फटे हुए जूतों के बीच
कहीं न कहीं एक आदमी है
जिस पर टाँके पड़ते हैं,
जो जूते से झाँकती हुई अँगुली की चोट छाती पर

हथौड़ें की तरह सहता है।

यहाँ तरह-तरह के जूते आते हैं
और आदमी की अलग-अलग 'नवैयत'
बतलाते हैं
सबकी अपनी-अपनी शक्ल है
अपनी-अपनी शैली है
मसलन एक जूता है :
जूता क्या है—चकतियों की थैली है
इसे एक चेहरा पहनता है
जिसे चेचक ने चुग लिया है
उस पर उम्मीद की तरह देती हुई हँसी है
जैसे 'टेलीफून' के खम्भे पर
कोई पतंग फँसी है
और खड़खड़ा रही है।

मैं महसूस करता हूँ—भीतर से
एक आवाज आती है—'कैसे आदमी हो
अपनी जाति पर थूकते हो!'
आप यकीन करें, उस समय
मैं चकतियों की जगह आँखें टाँकता हूँ
और पेशे में पड़े हुए आदमी को
बड़ी मुश्किल से निबाहता हूँ।

एक जूता और है जिससे पैर को
'नाधकर' एक आदमी निकलता है
सैर को
वह न अक्लमन्द है
न वक्त का पाबन्द है
उसकी आँखों में लालच है
हाथों में घड़ी है

उसे जाना कहीं नहीं है
मगर चेहरे पर
बड़ी हड़बड़ी है
वह कोई बनिया है
या बिसाती है
मगर रोब ऐसा कि हिटलर का नाती है
'इशे बाँद्धो, उशे काट्टो, हियाँ ठोक्को, वहाँ पीट्टो
घिश्शा दो, अइशा चमकाओ, जूते को ऐना बनाओ
...ओफ्फ! बड़ी गर्मी है रुमाल से हवा
करता है, मौसम के नाम पर बिसूरता है
सड़क पर 'आतियों-जातियों' को
बानर की तरह घूरता है
गरज यह कि घण्टेभर खटवाता है
मगर नामा देते वक्त
साफ़ 'नट' जाता है
'शरीफों को लूटते हो' वह गुर्राता है
और कुछ सिक्के फेंककर
आगे बढ़ जाता है
अचानक चिंहुककर सड़क से उछलता है
और पटरी पर चढ़ जाता है
चोट जब पेशे पर पड़ती है
तो कहीं-न-कहीं एक चोर कील
दबी रह जाती है
जो मौका पाकर उभरती है
और अँगुली में गड़ती है।

मगर इसका मतलब यह नहीं है
कि मुझे कोई गलतफहमी है
मुझे हर वक्त यह खयाल रहता है कि जूते
और पेशे के बीच
कहीं-न-कहीं एक अदद आदमी है

जिस पर टाँके पड़ते हैं
जो जूते से झाँकती हुई अँगुली की चोट
छाती पर
हथौड़े की तरह सहता है
और बाबूजी! असल बात तो यह है कि जिन्दा रहने के पीछे
अगर सही तर्क नहीं है
तो रामनामी बेचकर या रण्डियों की
दलाली करके रोजी कमाने में
कोई फर्क नहीं है।
और यही वह जगह है जहाँ हर आदमी
अपने पेशे से छूटकर
भीड़ का टमकता हुआ हिस्सा बन जाता है
सभी लोगों की तरह
भाषा उसे काटती है
मौसम सताता है
अब आप इस बसन्त को ही लो,
यह दिन को ताँत की तरह तानता है
पेड़ों पर लाल-लाल पत्तों के हज़ारों सुखतल्ले
धूप में, सीझने के लिये
लटकाता है

सच कहता हूँ—उस समय
राँपी की मूठ को हाथ में सँभालना
मुश्किल हो जाता है
आँख कहीं जाती है
हाथ कहीं जाता है
मन किसी झुँझलाये हुए बच्चे-सा
काम पर आने से बार-बार इन्कार करता है
लगता है कि चमड़े की शराफत के पीछे
कोई जंगल है जो आदमी पर
पेड़ से वार कराता है

और यह चौंकने की नहीं, सोचने की बात है
मगर जो ज़िन्दगी को किताब से नापता है
जो असलियत और अनुभव के बीच
खून के किसी कमजात मौके पर कायर है
वह बड़ी आसानी से कह सकता है
कि यार! तू मोची नहीं, शायर है,
असल में वह एक दिलचस्प गलतफहमी का
शिकार है
जो वह सोचता है कि पेशा एक जाति है
और भाषा पर
आदमी का नहीं, किसी जाति का अधिकार है
जबकि असलियत यह है कि आग
सबको जलाती है सच्चाई
सबसे होकर गुजरती है
कुछ हैं जिन्हें शब्द मिल चुके हैं
कुछ हैं जो अक्षरों के आगे अन्धे हैं
वे हर अन्याय को चुपचाप सहते हैं
और पेट की आग से डरते हैं
जबकि मैं जानता हूँ कि 'इन्कार से भरी हुई एक चीख़'
और 'एक समझदार चुप'
दोनों का मतलब एक है-
भविष्य गढ़ने में 'चुप' और 'चीख'
अपनी-अपनी जगह एक ही किस्म से
अपना-अपना फर्ज अदा करते हैं।

प्रौढ़ शिक्षा

काले तख्ते पर सफ़ेद खड़िया से
मैं तुम्हारे लिए लिखता हूँ—'अ'
और तुम्हारा मुख
किसी अन्धी गुफा के द्वार की तरह

खुल जाता है—'आऽऽ!'

यह भविष्य है यानी कि शब्दों की दुनिया में
आने की सहमति। तुमने पहली बार
बीते दिनों की यातना के खिलाफ
मुँह खोला है

और यह उस आदमी का भविष्य है जिसका गूँगापन
न सिर्फ आत्महत्या की सरहद पर बोलता है
मुहावरों के हवाई हमले से बचने के लिए
जिसके दिमाग में शताब्दियों का अन्धा कूप है

जो खोये हुए साहस की तलाश में
पशुओं की पूँछ के नीचे टटोलता है
जो किताबों के बीच में

जानवर-सा चुप है
यह उस आदमी का भविष्य है जो अचानक
टूटते-टूटते, इस तरह तन गया है
कि कल तक जो मवेशीखाना था उसके लिए
आज पंचायत-भवन बन गया है।
लालटेन की लौ जरा और तेज करो
उसे यहाँ—
पेड़ में गड़ी हुई कील से
लटका दो
हाँ—अब ठीक है
आज का सबक शुरू करने से पहले
मैं एक बार फिर वह सब बतलाना चाहूँगा
जिसे मैंने कल कहा था
क्योंकि पिछले पाठ का दुहराना
हर नयी शुरुआत में शरीक है

कल मैंने कहा था कि वह दुनिया
जिसे ढकने के लिए तुम नंगे हो रहे थे
उसी दिन उधर गयी थी
जिस दिन हर भाषा
तुम्हारे अँगूठा-निशान की स्याही में डूबकर
मर गयी थी

तुम अपढ़ थे
गँवार थे
सीधे इतने कि बस—
'दो और दो चार' थे

मगर चालाक 'सुराजिये'
आज़ादी के बाद के अँधेरे में
अपने पुरखों का रंगीन बलगम
और गलत इरादों का मौसम जी रहे थे
अपने-अपने दराज़ों की भाषा में बैठकर
'गर्म कुत्ता' खा रहे थे
'सफ़ेद घोड़ा' पी रहे थे

उन्हें तुम्हारी भूख पर भरोसा था
सबसे पहले उन्होंने एक भाषा तैयार की
जो तुम्हें न्यायालय से लेकर नींद से पहले की—
प्रार्थना तक गलत रास्तों पर डालती थी
'वह सच्चा पृथ्वीपुत्र है'
'वह संसार का अन्नदाता है'
मगर तुम्हारे लिए कहा गया हर वाक्य
एक धोखा है जो तुम्हें दलदल की ओर
ले जाता है

लहलहाती हुई फसलें...
बहती हुई नदी...
उड़ती हुई चिड़ियाँ...
यह सब, सिर्फ, तुम्हें गूँगा करने की चाल है
क्या तुमने कभी सोचा कि तुम्हारा–
यह जो बुरा हाल है
इसकी वजह क्या है?

इसकी वजह वह खेत है
जो तुम्हारी भूख का दलाल है
आह! मैं समझता हूँ कि यह एक ऐसा सत्य है
जिसे सकारते हुए हर आदमी झिझकता है

मगर तुम खुद सोचो कि डबरे में
डूबता हुआ सूरज
खेत की मेड़ पर खड़े आदमी को
एक लम्बी परछाईं के सिवा और क्या दे
सकता है
काफ़ी दुविधा के बाद
मुझे यह सचाई सकारनी पड़ी है
यद्यपि यह सही है कि सूरज
तुम्हारी जेब-घड़ी है
तुम्हारी पसलियों पर
मौसम की लटकती हुई जंजीर
हवा में हिलती है और
पशुओं की हरकतों से
तुम्हें आनेवाले खतरों की गन्ध
मिलती है
लेकिन इतना ही काफी नहीं है
इसीलिए मैं फिर कहता हूँ कि हर हाथ में
गीली मिट्टी की तरह–हाँ-हाँ–मत करो

तनो
अकड़ो
अमरबेलि की तरह मत जियो,
जड़ पकड़ो।

बदलो—अपने-आपको बदलो
यह दुनिया बदल रही है
और यह रात है, सिर्फ रात...
इसका स्वागत करो
यह तुम्हें
शब्दों के नये परिचय की ओर लेकर
चल रही है।

गाँव

मूत और गोबर की सारी गंध उठाये
हवा बैल के सूजे कंधे से टकराये
खाल उतारी हुई भेड़-सी
पसरी छाया नीम पेड़ की।
डाँय-डाँय करते डाँगर के सींगों में
आकाश फँसा है।

दरवाजे पर बँधी बुढ़िया
ताला जैसी लटक रही है।
(कोई था जो चला गया है)
किसी बाज के पंजों से छूटा जमीन पर
पड़ा झोपड़ा जैसे सहमा हुआ कबूतर
दीवारों पर आएँ-जाएँ
चमड़ा जलने की नीली, निर्जल छायाएँ।

चीखों के दायरे समेटे

ये अकाल के चिह्न अकेले
मनहूसी के साथ खड़े हैं
खेतों में चाकू के ढेले।
अब क्या हो—जैसी लाचारी
अंदर ही अंदर घुन कर दे वह बीमारी।

इस उदास गुमशुदा जगह में
जो सफ़ेद है, मृत्युग्रस्त है

जो छाया है, सिर्फ रात है
जीवित है वह—जो बूढ़ा है या अधेड़ है
और हरा है—हरा यहाँ पर सिर्फ पेड़ है।

चेहरा-चेहरा डर लटका है
घर बाहर अवसाद है
लगता है यह गाँव नरक का
भोजपुरी अनुवाद है।

रोटी और संसद

एक आदमी
रोटी बेलता है
एक आदमी रोटी खाता है
एक तीसरा आदमी भी है
जो न रोटी बेलता है, न रोटी खाता है
वह सिर्फ रोटी से खेलता है
मैं पूछता हूँ—
'यह तीसरा आदमी कौन है?'
मेरे देश की संसद मौन है।

मुनासिब कार्रवाई

अकेला कवि कठघरा होता है
इससे पहले कि 'वह' तुम्हें
सिलसिले से काटकर अलग कर दे
कविता पर
बहस शुरू करो
और शहर को अपनी ओर
झुका लो।
यह सबूत के लिए है।
—रंगीन पत्रिकाओं में चरित्र—
पोंकता हुआ ईमान,
जो दाँतों में फँसी हुई भाषा की
तिकड़म है,
—टूटे हुए बकलस का खुफिया तनाव,
—एक बातूनी घड़ी,
—वकील का लबार चोंगा,
—एक डरपोक चाकू
जिसका फल कानून की ज़द से
सूत-भर कम है,

शिनाख़्त की इन तमाम चीज़ों के साथ
अपने लोगों की भीड़ में
भाषा को धीरे से धँसाओ।
बिना किसी घाव के शब्द
बाहर आ जायेंगे
जैसे परखी में बोरे का अनाज
चला आता है।
उन्हें परखो।
बाट की जगह अपना चेहरा रख दो।

यह न्यांय के लिए है
क्योंकि जिसमें थोड़ा-सा भी विवेक है;
वह जानता है कि आजकल
शहर कोतवाल की नीयत
और हथकड़ी का नम्बर एक है।
और अब देखो कि काँटे का रुख
किधर है।
कल तक वह उधर था
जिधर आढ़तिया था।
जिधर चुंगी का मुंशी बैठता था।
कल तक—
नगरपिता का सिर विरोध में
हिलता था और तुम पाते थे—
कि कविता का अर्थ
बदल गया है।

मगर अब चीज़ों के गलत होने का
पता चल गया है :
एक रिश्ता गलत समय देने लगा है;
उसकी मरम्मत के लिए
घड़ीसाज़ की दुकान पर जाना
सरासर भूल है।
तुम्हारे जिगरी दोस्त की कमर
वक्त से पहले ही झुक गयी है
उसके लिए—
बढ़ई के आरी और बसूले से
लड़ना फिजूल है।
क्योंकि गलत होने की जड़
न घड़ीसाज की दुकान में है,
न बढ़ई के बसूले में
और न आरी में है

बल्कि वह इस समझदारी में है
कि वित्त मन्त्री की ऐनक का
कौन-सा शीशा कितना मोटा है;
और विपक्ष की बेंच पर बैठे हुए
नेता के भाइयों के नाम
सस्ते गल्ले की कितनी दुकानों का
कोटा है।

और जो चरित्रहीन है
उसकी रसोई में पकने वाला चावल
कितना महीन है।
इस वक्त सचाई को जानना
विरोध में होना है।
और यहीं से—
अपराधियों की नाक के ठीक नीचे
कविता पर
बहस शुरू होती है।
चेहरे से चेहरा बटोरते हुए
एक तीखा स्वर
सवाल पर सवाल करता है।
सन्नाटा टूटता है।
गूँगे के मुँह से उत्तर फूटता है।
'कविता क्या है?
कोई पहनावा है?
कुर्ता-पाजमा है?'
'ना, भाई, ना,
कविता—
शब्दों की अदालत में
मुजरिम के कटघरे में खड़े बेकसूर आदमी का
हलफनामा है।'
'क्या यह व्यक्तित्व बनाने की—

चरित्र चमकाने की—
खाने-कमाने की—
चीज़ है?'
'ना, भाई, ना,
कविता—
भाषा में
आदमी होने की तमीज़ है।'

इस तरह सवाल और जवाब की मंजिलें—
तय करके
थका-हारा सच—
एक दिन अपने खोये हुए चेहरे में
वापस आता है,
और अचानक, एक नदारद-सा आदमी
समूचे शहर की जुबान बन जाता है।

लेकिन मैंने कहा—
अकेला कवि कठघरा होता है।
साथ ही, मुझे डर है कि 'वह' आदमी
तुम्हें सिलसिले से काटकर
अलग कर देने पर तुला है;
जो आदमी के भेस में—
शातिर दरिन्दा है,
जो हाथों और पैरों से पंगु हो चुका है
मगर नाखून में जिन्दा है,
जिसने विरोध का अक्षर-अक्षर
अपने पक्ष में तोड़ लिया है।
जो जानता है कि अकेला आदमी झूठ होता है।
जिसके मन में पाप छाया हुआ है।
जो आज अघाया हुआ है,
और कल भी—

जिसकी रोटी सुरक्षित है।
'वह' तुम्हें अकेला कर देने पर
तुला है।

वक्त बहुत कम है।
इसलिए कविता पर बहस
शुरू करो
और शहर को अपनी ओर झुका लो
क्योंकि असली अपराधी का
नाम लेने के लिए
कविता, सिर्फ उतनी ही देर तक सुरक्षित है
जितनी देर, कीमा होने से पहले,
कसाई के ठीहे और तनी हुई गँड़ास के बीच
बोटी सुरक्षित है।

काव्यार्थापन

सच्चिदानन्द हीरानन्द वात्स्यायन 'अज्ञेय'

(क) **घृणा का गान**–'इत्यलमू' में संग्रहित इस कविता का रचनाकाल 1935 ई. है। स्पष्ट है कि यह अज्ञेय के प्रारम्भिक दौर की कविता है। प्रारम्भ में अज्ञेय स्वतन्त्रता संघर्ष से सम्बद्ध क्रान्तिकारी गतिविधियों में भी संलिप्त रहे हैं। अतएव उनकी इस कविता में उन पर पड़े क्रान्तिकारी भावना एवं समाजवादी विचारधारा का प्रभाव स्पष्ट रूप से दिखाई दे रहा है। इस कविता में पूँजीपतियों एवं सत्ताधारी शोषकों को कवि ने ललकारा है। इस कविता मे उनकी पूरी-पूरी सहानुभूति सर्वहारा वर्ग के प्रति प्रकट हुई है।

शब्दार्थ–निःशक्तों = शक्तिहीनों; **अप्रतिहत** = अबाधित, बिना बाधा के, जिसकी गति रोकी न जा सके; **आह्वान** = पुकार।

(ख) **ब्राह्म मुहूर्त : स्वस्तिवाचन**–सन् 1957 में रचित यह कविता 'अरी ओ करुणा प्रभामय' में संकलित है। इस कविता में कवि द्वारा सत्य की खोज, उस सत्य से समाज कल्याण की भावना तथा कवि के अहंग्रस्त दान की विशिष्टता एक साथ प्रकट हुई है। कवि दुख सहता है, आहें भरता है, जीवन के अन्धकारों का सामना करता है, कंटकित पथों की यात्रा करता है और इन जीवन संघर्षों के माध्यम से जिस अनुभूत-सत्य का अन्वेषण करता है, उससे आम मनुष्य को प्यार, गीत की मधुरता, आगे बढ़ने की राह, संरक्षण भरी छत, कल्याणमय पथ प्रदान करना चाहता है ताकि उसके दुख भरे जीवन में सुख का नया सवेरा आ सके।

शब्दार्थ–**छादन** = छप्पर; **असीसों** = आशीर्वादों; **सोन-तरी** = सोने की नौका।

(ग) **साँप**–यह एक व्यंग्यपरक लघु कविता है, जिसमें मानव सभ्यता के नगरीय संस्कृति में व्याप्त जहरीलेपन को उजागर किया गया है। तथाकथित

सभ्य मनुष्य साँप से भी अधिक जहरीला है, जो अपने जैसे मनुष्यों को डँसने अर्थात् हानि पहुँचाने का कोई अवसर नहीं छोड़ता।

(घ) **बावरा अहेरी**–अज्ञेय के 'बावरा अहेरी' काव्य-संग्रह का नामकरण इसी कविता के आधार पर किया गया है। यहाँ सूर्य को बावरा अहेरी कहकर सम्बोधित किया गया है जो संसार में फैले अन्धकार का शिकार करता है। कवि कल्पना करता है कि सूर्योदय के समय पहले तो सूर्य अपने लाल-लाल रंग रूपी छोटे-छोटे चावल के दाने यानि चारा फैलाता है और फिर पूर्ण रूप से उगकर पूरे भौतिक जगत पर छाये अन्धकार को अपने जाल में फँसा लेता है अर्थात् अन्धकार को दूर कर सबको प्रकाशित एवं दृष्टिगोचर कर देता है। इसी आखेटक सूर्य का कवि आह्वान करता है कि वह ऐसे ही कवि के मन में व्याप्त अन्धकार का शिकार कर ले और उसके अन्तःकरण को पूर्णतया आलोकित कर दे। **शब्दार्थ**–**कनियाँ** = चावल के दाने; **अवध्य** = जो वध के लायक न हो, **परेवे** = कबूतर; **आलोक खची** = प्रकाश के पूरित; **आखेट** = शिकार, **अनी** = नोक; **तन्वि** = पतली, **कलौंस** = कालिमा, **सिरोपे** = सिर से पाँव तक पहनने वाला वस्त्र।

(ङ) **यह दीप अकेला**–इस कविता में 'दीप' व्यक्ति का और 'पंक्ति' समाज का प्रतीक है। यहाँ कविता स्वयं को एक ऐसे व्यक्तित्व के रूप में रेखांकित करता है जो सामाजिक समूहों में या भीड़ में न खोकर अपनी एक अलग चमक, अलग पहचान और विशिष्टता को बनाये रखता है अर्थात् समाज में रहते हुए भी वह उससे कुछ भिन्न, अलग, विशेष या खास है। व्यक्तिगत पहचान के प्रति इतने आग्रहों के बावजूद वह आत्मकेन्द्रित या व्यक्तिवादी न होकर समाज के प्रति मन से समर्पित है। जैसे दीपक स्वयं को जलाकर समाज को प्रकाशित करता है, वह भी अपनी विशिष्टताओं से समाज की उज्ज्वलता को बढ़ाता है। उसके जैसा जनकल्याण के गीत गानेवाला 'जन', जीवन समुद्र में डुबकी लगाकर सत्य के मोती लानेवाला गोताखोर हवन सामग्री की तरह जलकर संसार में ज्ञान और कल्याण की रोशनी फैलाने वाला समाज को समर्पित व्यक्ति दूसरा कोई नहीं है। वह युगों युगों की तपस्या के पश्चात् काल के कटोरे में संचयित विरल मधु रूपी जीवन की मिठास, अपने कर्मों से सभी की इच्छाओं की पूर्त्ति की क्षमता रखने वाला कामधेनु का पय या गोरस (दूध),

धरती को फोड़कर सूर्य की ओर अग्रसर निर्भय अंकुर अर्थात् वाधा रूपी अन्धकार से जीवन को मुक्त कर रोशनी की ओर ले जानेवाला जीवन का स्रोत है। वह ऐसा प्रकृत (नैसर्गिक), स्वयंभू (स्वनिर्मित), ब्रह्म (सब में व्याप्त), अयुत (भिन्न) है, जो समाज को समर्पित है। वह उस दीपक के समान है, जिसे अपने छोटे होने का बिल्कुल भय नहीं है, जो स्वयं जलकर जलने की पीड़ा अर्थात् दुख का अनुभव करता है। इस समाज में जो कुत्सा, अपमान और अवज्ञा के दमघोंटू व विषाक्त अन्धकार में जीने को अभिशप्त हैं, उनके लिए वह सदा करुणार्द्र, सचेत, सप्रेम अपनी बाँहों का सहारा प्रदान करनेवाला, उनसे अपनापा स्थापित करनेवाला, उनके प्रति श्रद्धा रखनेवाला उत्सुक और बुद्धिमान मानव भक्त है।

(च) **नदी के द्वीप**–यहाँ 'नदी' समाज का और 'द्वीप' व्यक्ति का प्रतीक है। कवि का मानना है कि समाज निर्मित होने के बावजूद व्यक्ति स्वयं में विशिष्ट होता है पर यह विशिष्टता उसे समाज या विश्व से अलग नहीं कर देती। जैसे द्वीप नदी की धारा से जुड़ा होते हुए भी अपनी एक अलग पहचान और अस्तित्व को बनाये रखता है, कवि इसी तरह का सम्बन्ध समाज के साथ बनाने का इच्छुक है। कभी अगर द्वीप को धारा में बहने को विवश हो जाना पड़े तब भी वह अपने नये व्यक्तित्व को पुनः प्राप्त करने की कामना करता है।

(छ) **जो पुल बनायेंगे**–निर्माण करनेवाले श्रमिकों को कभी भी न तो समाज में प्रतिष्ठा मिली है और न इतिहास में स्थान। देश और समाज के वास्तविक निर्माता भूखे, पिछड़े और असभ्य बने रहने को अभिशप्त हैं।

शमशेर बहादुर सिंह

(क) **उषा**–इस कविता में उषा अर्थात् सूर्योदय का काल अपने बदलते हुए रंगों में वर्ण्य है। डॉ. बच्चन सिंह के शब्दों में 'यह है सूर्योदय : रंगीन बिम्बों से बुना हुआ जागरण का पर्व।' सूर्योदय की लालिमा के पहले आकाश का रंग राख से लीपे गीले आँगन के रंग की तरह दिखायी देता है। उषा की लालिमा के फैलने पर उसका रंग केसर धुली सिल या लाल खड़िया से रंगी स्लेट की भाँति प्रतीत होता है। पूर्ण सूर्योदय होने के पश्चात् नीले आकाश में चमकता सूरज नीली झील में झिलमिलाती गोरी देह के जैसा परिलक्षित होता है।

शब्दार्थ– **प्रातः** = सवेरा; **नभ** = आकाश।

(ख) **एक पीली शाम**–डॉ. बच्चन सिंह के अनुसार यह एक प्रेम कविता है जिसमें प्रेम और प्रकृति को एक में मिलाकर रखा गया है। पीलापन शाम का ही नहीं है, वह प्रेम पर भी छाया हुआ है। इस सन्दर्भ में प्रिय का मुख-कमल म्लान होना कविता की संरचना के भी अनुरूप है और कवि की भावना के भी। शाम, तारक-दल और आँसू का गिरना एक साथ होता है–वह भी अतल में। यह भी एक विरहानुभूति है पर किसी अन्य विरहानुभूति से अलग-पीली शाम उदासी और ठण्डापन लिए हुए।

शब्दार्थ–**कृश** = क्षीण, दुबला; **म्लान** = मुरझाया; **शिथिल** = ढीला; **अतल** = तलहीन; बहुत गहरा।

(ग) **बात बोलेगी**–लोकतान्त्रिक शासन-व्यवस्था में जनता की जर्जरावस्था और उसके प्रति उनमें सचेतना की आवश्यकता ही 'बात बोलेगी' कविता का मूल कथ्य है। जागरूक व्यक्ति को तथ्यों से वास्तविकताओं का ज्ञान हो जाता है। उसे और किसी से कुछ कहने-सुनने की आवश्यकता नहीं

है। कवि स्वयं एक जागरूक व्यक्ति है। वह अपने चिन्तन और सोच का बखान खुद-ब-खुद नहीं करना चाहता। उसकी रचनाएँ ही उसकी 'बात' हैं और इस लोकतन्त्र के सच को अर्थात् भेद को उनकी 'बात' अर्थात् रचनाएँ ही खोलने में सक्षम हैं। इस लोकतान्त्रिक व्यवस्था की सच्चाई यही है कि इसमें 'दैन्य', 'रूपी', 'दानव', जनता के लिए 'भीषण काल' और 'क्रूर स्थिति' को जन्म देती है। अनेक राजनीतिक दल हैं पर जनता के दुख को मिटाने में अक्षम। अगर जनता जागृत नहीं हुई तो ऐसी परिस्थिति में उसकी स्वतन्त्रता की समाप्ति निश्चित है।

(घ) **चुका भी नहीं हूँ मैं**–कवि के लिए प्रेम अपने आपमें एक क्रान्तिकारी भाव है। कवि ने अभी तक उस क्रान्तिकारी प्रेम को उपलब्ध करने का अवसर खोया नहीं है। जब वह अपनी रचनाओं में उस प्रेम का आगाज़ करेगा तो समूची दुनिया में उथल-पुथल मच जायेगी। इस विषमय संसार में उसके प्रेम सागर के मंथन से जो तत्व निकलेंगे, उससे मिलने वाले सुखों और मानवता की विजय की साक्षी उनकी कविताएँ ही होंगी।

शब्दार्थ–गूढ़ = गुप्त; **अमित** = अत्यधिक।

(ङ) **काल, तुझसे होड़ है मेरी**–काल सभी को मिटा देता है पर कवि अपने उत्कृष्ट कृतित्व के द्वारा समाज में एक आदर्श बनकर सदा-सदा के लिए बस जाना चाहता है ताकि काल उसे मिटा न पाये। कवि की यही आकांक्षा 'काल, तुझसे होड़ है मेरी' का मूल कथ्य है।

शब्दार्थ– कालोपरि = काल से परे; **भावोपरि** = भाव से परे; **आनन्दोपरि** = आनन्द से परे; **सत्यासत्योपरि** = सत्य और असत्य से परे; **कम्यून** = सम्पत्ति के सामन और संयुक्त अधिकारी मनुष्यों का समूह या संघ।

(च) **ओ मेरे घर**–यहाँ 'घर' से कवि का आशय उस पृथ्वी से है, जहाँ सदियों से मानव जीवन पल्लवित-पुष्पित हुआ है। घर में तो सुरक्षा और शान्ति मिलनी चाहिए पर इस पृथ्वी पर मनुष्य को ये चीज़ें कहाँ नसीब हुईं? यहाँ तो उसे कई तरह के खूनी संघर्ष, अनेक धर्मयुद्ध (कई कई भगवान), तारों से अप्राप्य भविष्य के स्वप्न, जीवन की क्रूर त्रासदियाँ और तलवार-सा घातक अन्धकार ही मिला। कवि की विडम्बना यह है कि उसमें मानवीय संवेदनाएँ होने की वजह से दुनिया की इन विद्रूपताओं के कटु अनुभव उसे बीज रूप में प्राप्त हुए हैं।

(छ) **मेरे समय को**–समय को ताश की तरह काट दिये जाने का अर्थ है

कि जो वस्तुतः न्यायसंगत ढंग से होना चाहिए, उसे होने न दिया जाये। इसके पीछे सत्ता पर काबिज शक्तिशाली लोगों का हाथ है। ये सामर्थ्यवान लोग अपने गुलाम कवियों को संरक्षण देते हैं और गुलामी की मानसिकता से मुक्त कवियों को–जो उनके कुकृत्यों का पर्दाफाश करने में सक्षम हैं, अपने तिकड़मों के जाल में इस प्रकार फँसाकर रखने का षडयन्त्र करते हैं कि जो होना चाहिए, वह न तो कभी हो पाये और न दुनिया की जानकारी में ही आ पाये।

नागार्जुन

(क) **उनको प्रणाम**–इस कविता में कवि ने उन दुस्साहसी वीर मानवों के प्रति अपनी श्रद्धा प्रकट की है, जो विश्व-कल्याण के लिए अपने प्राण हथेलियों पर रखकर असम्भव को सम्भव बनाने निकल पड़े थे और दुर्भाग्यवश अपने इन सार्थक प्रयासों में प्राण गँवाकर असफल हो गये। कवि की दृष्टि में उनकी ये असफलताएँ उद्देश्यों की महानताओं के कारण उन वीरों को कलंकित नहीं, महिमामण्डित करती हैं, बहुत ऊँचा उठाती है। निःस्वार्थ भाव से मानव कल्याण हेतु मर-मिटने वाले ऐसे पुरुषों को कवि श्रद्धापूर्वक नमन करता है।

(ख) **अकाल और उसके बाद**–अभावजन्य जर्जरता का ऐसा मार्मिक और हृदयविदारक जीवन्त बिम्ब हिन्दी कविता में विरल है। इस कविता के केन्द्र में भूख की जघन्य पीड़ा है। भूख के कारण मनुष्य का जीवन कितना अव्यवस्थित, अपवित्र, असुन्दर, अप्रीतिकर, अस्वस्थकर और आनन्दरहित हो जाता है, इसी कटु यथार्थ की अभिव्यक्ति यहाँ हुई है।

(ग) **कल्पना के पुत्र हे भगवान**–इस कविता का रचनाकाल सन् 1946 है। ईश्वर और धर्म के नाम पर समाज में फैले कर्मकांडों, आडम्बरों, रूढ़ियों और संकीर्णताओं पर कवि ने करारी चोट की है। उन्होंने ईश्वर के अस्तित्व को मात्र कल्पना की वस्तु मानते हुए इस भौतिक संसार को ही सत्य माना है।

शब्दार्थ–आक्रांद = आवाज करना, **नीहारिका** = कुहरे या धुएँ की तरह आकाश में छाया रहने वाला प्रकाशपुंज जो ग्रह-नक्षत्रों का उपादान माना जाता है; **अभिसार** = स्त्री-पुरुष का मिलन। **अवशिष्ट** = शेष बचा हुआ; **वितंडावाद** = निरर्थक दलील।

(घ) **कर दो वमन**–ईश्वर पर करारा व्यंग्य करते हुए कवि कहता है कि

तरह-तरह के प्रसाद और भोग के चढ़ावों से जिस ईश्वर का उदर सर्वदा आवश्यकता से कुछ अधिक ही भरा हुआ रहता है, वे अगर वमन कर दें तो भारत की न जाने कितनी गरीब और भूखी जनता की क्षुधा की पूर्ति हो जाये। जाहिर है कि उनका संकेत ईश्वर के नाम पर जमाखोरी करने वाले खाये-पिये-अघाये मठाधीशों की ओर है, जिन्हें क्षुधातुर जनता के कष्टों से कोई मतलब नहीं होता।

(ङ) **प्रतिबद्ध हूँ**–'खिचड़ी विप्लव देखा हमने' काव्य-संग्रह की सन् 1975 में रचित इस प्रसिद्ध कविता में नागार्जुन की जनपक्षधरता एवं प्रगतिशील चेतना का सम्यक् रूप से उद्घाटन हुआ है। कवि ने यहाँ स्पष्ट रूप से अपनी वैचारिक प्रतिबद्धता घोषित की है। डॉ. नामवर सिंह के अनुसार–नागार्जुन ने अपने बारे में कई कविताएँ लिखी हैं। ये ऐसी कविताएँ हैं जिनमें कवि ने पारदर्शी ईमानदारी के साथ अपनी दुर्बलताओं, अपने सन्देहों, अपनी व्यथा और अपनी निष्ठा को वाणी दी है। विवेच्य कविता उनकी ऐसी ही कविताओं में से एक है और इसमें सबसे दिलचस्प है कवि द्वारा अपनी प्रतिबद्धता की घोषणा। नागार्जुन प्रतिबद्ध ही नहीं सम्बद्ध भी हैं और आबद्ध भी। प्रतिबद्ध हैं अपने आपको भी 'व्यामोह' से बारंबार उबारने की खातिर। सम्बद्ध हैं "सबसे और किसी से नहीं और न जाने किस-किस से।" "आबद्ध हैं स्वजन-परिजन के प्यार की डोर में, बहुरूपा कल्पना रानी के आलिंगनपाश में तीसरी-चौथी पीढ़ी के दन्तुरित शिशु सुलभ हास में।" कहने की आवश्यकता नहीं कि नागार्जुन के ये विचार-आचार से पुष्ट हैं, इसीलिए इनमें सच्चाई की ताकत है।

शब्दार्थ–प्रतिबद्ध = बँधा हुआ; **संबद्ध** = साथ जुड़ा। **आबद्ध** = बँधा हुआ; **निमित्त** = कारण, उद्देश्य; **व्यामोह** = अज्ञान; **शतधा** = सौ प्रकार से; **व्यतिक्रम** = क्रम विपर्यय; **संकल्प** = निश्चय; **विकल्प** = कई बातों, विषयों या नियमों आदि में से एक का ग्रहण।

(च) **आये दिन बहार के**–भारतीय लोकतन्त्र में जनता के चुने हुए प्रतिनिधि स्वयं को कहते तो 'जनसेवक' हैं पर उनका वास्तविक चरित्र जनसेवा का कदापि नहीं होता। तमाम तरह के जुगाड़ों से अपना पद बनाये और बचाये रखकर भोग-विलास में डूबे हुए ये तथाकथित 'जनसेवक' जनता का काम न करके आजीवन सिर्फ अपना 'निजी काम' बनाते

हैं। इस कविता में जनप्रतिनिधियों के छल-छद्म को उजागर किया गया है।

(छ) **शासन की बन्दूक**–लोकतन्त्र में शासन और सत्ता का परम कर्त्तव्य जनता की रक्षा करना होता है, न कि दमन करना, पर यथार्थ में होता है ठीक इसके विपरीत। आम जनता के न्यायसंगत अधिकारों को अनसुनी कर शासन क्रूरतापूर्वक जन-दमन करता है। बावजूद इसके जनता के जमीनी संघर्ष को वह नहीं दबा पाता। सत्ता और जनांदोलनों के परस्पर अन्तर्द्वंद्वों में जनपक्ष की अजेयता का वर्णन कवि कर रहा है।

गजानन माधव मुक्तिबोध

(क) **मैं तुम लोगों से दूर हूँ**–इस कविता में वर्ग-वैषम्यजनित जीवन के कड़वे यथार्थ की अभिव्यक्ति की गयी है। एक ओर सर्वसाधन सम्पन्न बुर्जुवा वर्ग है, जो आरामदायक ज़िन्दगी जी रहा है तो दूसरी ओर सर्वांग विपन्न सर्वहारा वर्ग है, जिसके लिए जीवन एक सजा है। दोनों वर्गों के बीच गहरी और चौड़ी खाई है, जो निरन्तर बढ़ती जा रही है, घट नहीं रही। यहाँ 'मैं' सर्वहारा वर्ग के प्रति पूर्णरूप से प्रतिबद्ध बुद्धिजीवी वर्ग का प्रतिनिधि है, जिसके कन्धों पर इस वर्ग-वैषम्य की खाई को पाटने का नैतिक उत्तरदायित्व है लेकिन यहाँ यह ईमानदार बुद्धिजीवी भी आर्थिक रूप से असफल एवं विपन्न ही है। उसकी स्थिति सर्वहारा वर्ग से कोई बहुत अच्छी नहीं है। अतएव आर्थिक मजबूरी कहें या अवसरवादी मानसिकता, वह यथास्थितिवाद के खात्मे की लड़ाई में पूरी तरह शामिल नहीं हो पाता और पूँजीपतियों के हाथों की कठपुतली बन कर सर्वांगक्रान्ति की भावना की उपेक्षा करता है। ईमानदार बुद्धिजीवी वर्ग के जीवन की इस द्वन्द्वात्मकता का मार्मिक चित्रण इस कविता में किया गया है।

शब्दार्थ– **असंग** = अकेला; **गर्हित** = निंदित, बुरा; **ब्रीड़ा** = लज्जा; **शेव्रलेट-डॉज** = एक प्रकार की कार; **रेफ्रिजरेटर** = प्रशीतित्र।

(ख) **कहने दो उन्हें जो यह कहते हैं**– इस कविता में कविवर मुक्तिबोध ने इस कटु सत्य को उजागर किया है कि शोषण मुक्त वर्गहीन समाज-निर्माण के महान उद्देश्य को लेकर सामाजिक परिवर्तन के पथ पर चलने का दुस्साहस जो क्रान्तिचेतना व्यक्ति करता है, उसे धन और प्रतिष्ठा से समृद्ध जीवन की तथाकथित 'सफलता' प्राप्त नहीं होती है, क्योंकि वह अपने विवेक को परे धकेलकर जीवन में दुनियावी सुख लूटने के लिए कभी भी समझौतावादी रुख अख्तियार नहीं करता। वर्ग-वैषम्य

जनित जीवनगत दर्शन का द्वन्द्व इस कविता के मूल में निहित है।

शब्दार्थ–भीत = दीवार; **विक्षोभी** = क्षुब्ध; **चिरंतन** = बहुत दिनों का, पुरातन; **प्रभीमकाय** = विशाल; **श्रेय-प्रेय** = मंगलमय सुखकारी और अत्यधिक प्रीतिकर; **तगारी** = गारा ढोने का तसला; **फुफ्फुस** = फेफड़ा; **जेता** = जीतने वाला; **गिल्लोरियाँ** = पान का बीड़ा; **सुपीरियाटी कांपलेक्स** = श्रेष्ठता-ग्रन्थि; **डोज़** = खुराक, दवा की निश्चित मात्रा।

(ग) **भूल गलती**–'भूल गलती' कविता समकालीन सामाजिक, राजनीतिक परिवेश एवं जीवन सन्दर्भों से जुड़ी एक त्रासद परिणति का नाटकीय और प्रतिकात्मक दृश्य प्रस्तुत करती है। 'भूल गलती' प्रतीक है सत्ता पर बैठे अयोग्य और अनुपयुक्त वर्ग का, जिसके आतंक के सामने लेखक, बुद्धिजीवी, कार्यपालिका आदि से सम्बद्ध लोग स्वार्थवश नतमस्तक हैं। 'ईमान' उस सच्चे क्रान्तिकारी का प्रतीक है, जो इस व्यवस्था को बदलने के लिए निडर होकर, जुल्म सहते हुए भी क्रान्ति लाने को प्रतिबद्ध है।

शब्दार्थ–जिरह बख्तर = लोहे की जंजीरों का कवच; **तख्त** = सिंहासन; **चिलकना** = चमकना; **मेहराब** = गोल स्तम्भ; **मनसबदार** = ओहदेदार, पदाधिकारी; **अलग़जाली** = फारसी के एक प्रसिद्ध इस्लामी विद्वान (यहाँ विद्वान के अर्थ में); **इब्ने सिन्ना** = फारसी के प्रसिद्ध दार्शनिक; **आलिमों फाजिल** = पूरी विद्या पढ़ लेने वाला विद्वान; **सिपहसालार** = सेनानायक। **खुद मुखतार** = स्वयं स्वतन्त्र; **आलमगीर** = विश्वविजयी; **लश्कर** = सेना।

(घ) **ब्रह्मराक्षस**–'ब्रह्मराक्षस' प्रतीक है उस ज्ञानी, बुद्धिमान और अत्यन्त प्रतिभाशाली व्यक्ति का जो अपने समय-समाज में सशक्त हस्तक्षेप करते हुए एक शोषणमुक्त और न्यायसंगत समाज़ के निर्माण की दिशा में क्रान्तिकारी परिवर्तन ला सकता था परन्तु अपनी आत्केन्द्रित प्रवृत्तियों तथा 'स्व' की समस्याओं में उलझे होने के कारण उस महान लक्ष्य को प्राप्त करने में असफल रहा। 'आत्मचेतस' प्रतिभा का 'विश्वचेतस' मानस में परिवर्तित न हो पाने की बेचैनी और छटपटाहट ही इस कविता के केन्द्र में है।

(ङ) **अँधेरे में (खण्ड-4)**–'अधेरे में' मुक्तिबोध की प्रसिद्ध लम्बी कविता है, जिसमें कुल आठ खण्ड हैं। यहाँ विवेच्य कविता का चौथा खण्ड लिया गया है। इस खण्ड में समाज के एक सजग नागरिक के गहरे

आत्मालोचन की विवृत्ति हुई है। वस्तुतः सत्ता के दमन और आतंक से भयभीत होकर सच्चे ओर जिम्मेदार नागरिक व्यवस्था-विरोध और क्रान्ति के पथ से विचलित हो जाते हैं, जिसके फलस्वरूप स्वस्थ और शोषणविहीन समाज-निर्माण के स्वप्न को करारा झटका लगता है। जैसे चल रहा है, चलने दो—की समझौतावादी मानसिकता हमारी पलायनवादी और अवसरवादी जीवन-दर्शन का आधार तैयार करती है। ऐसे में यथास्थितिवाद के भंजन और दुनिया को बदलने का स्वप्न कैसे पूरा हो सकता है? व्यवस्था से टकराने के साहस को पागलपन की संज्ञा दी जाती है। ऐसे पागल समाज में विरले ही पाये जाते हैं। इस क्रान्तिचेत्ता पागल के आह्वान की हम उपेक्षा करते हैं, अपनी अन्तरात्मा की सच्ची आवाज़ को कुचल डालते हैं। परिणाम यह होता है कि एक व्यक्ति तो अपने को बचा लेता है पर समग्र समाज अन्याय, अत्याचार और शोषण के गर्त में चला जाता है। अतएव जाग्रत व्यक्ति के मन में यह द्वन्द्व हमेशा बना रहता है कि वह समझौतावादी बना रहे या सामाजिक परिवर्तन के तथाकथित पागलपन का साथ दे। यह काव्यांश इस द्वन्द्व की मार्मिक अभिव्यक्ति करता है।

शब्दार्थ–सिरफिरा = पागल; **धी** = मेधा; **आत्म उद्‌बोधमय** = आत्मा का उद्‌बोधन करने वाला; **उदरं भरि** = पेट भरने वाला; **कनात** = कपड़े की दीवार जो खेमे या किसी खुले स्थान के चारों ओर खड़ी करते हैं; **व्यभिचारी** = कुमार्गगामी, दुश्चरित्र; **अजीगर्त** = एक भृगुवंशी ब्राह्मण (शुनः शेफ का पिता); **शुनःशेप, शुनःशेफ** = वैदिक ऋषि अजीगर्त के मंझले पुत्र थे। 'ऐतरेय ब्राह्मण' में 'हरिश्चन्द्रोपाख्यान' में इनकी कथा इस प्रकार मिलती है—निःसन्तान महाराज हरिश्चन्द्र ने मनौती मानी कि पुत्र होने पर मैं उसे वरुण देव की बलि चढ़ा दूँगा। उन्हें रोहित नामक पुत्र हुआ परन्तु उन्होंने अपनी प्रतिज्ञा पूरी नहीं की; उसे टालते गये। राजा के वरुण द्वारा पीड़ित किए जाने पर रोहित ने अजीगर्त को सौ गायें देकर बलि के लिए शुनःशेप को खरीदा। यूप से बाँधे जाने पर शुनःशेप ने विष्णु, इन्द्र आदि देवताओं को स्तुति की और इन देवताओं की कृपा से वे मृत्यु से बच गये। करुणार्द्र हो विश्वामित्र ने शुनःशेप को अपने पुत्र के रूप में ग्रहण कर लिया और उनका नाम देवरथ रखा। पुराणों में भी इनके विषय में इस प्रकार की कई कथाएँ मिलती हैं।

भवानीप्रसाद मिश्र

(क) **गीतफरोश**–यह कवि की सर्वाधिक चर्चित और लोकप्रिय रचना है। यह कविता कवि की व्यंग्यप्रधान रचना है। पूँजीवादी समाज में माँग के अनुसार अर्थात् ग्राहक की मर्जी के अनुसार कवि गीत लिखता है और अत्यन्त नाटकीय ढंग से बेचता है। कवि जीवन की विडम्बना और उसकी पराधीनता इसमें अभिव्यक्त है। कवि ने एक प्रश्नचिह्न लगाया है कि क्या काव्य-सर्जना भी उपभोक्ताओं की माँग पर अभिपूर्ति हेतु की जाती है?
शब्दार्थ–पस्ती = निचाई, कमी; हताशा; **तपेदिक** = यक्ष्मा।

(ख) **धरती उठाती है**–यह कविता मिश्र जी के काव्यसंग्रह 'बुनी हुई रस्सी' से ली गयी है। इसमें कवि ने कविता की सामान्य रचना-प्रक्रिया और उसी क्रम में अपनी वैचारिक प्रतिबद्धता को एक साथ अत्यन्त सूक्ष्म रूप में रूपायित किया है। 'धरती' जीवन के यथार्थ का प्रतीक है और 'आकाश' काव्य में कल्पना तत्त्व का। जीवन के यथार्थ से उद्वेलित होकर कवि काव्य-रचना चाहता है पर उसके लिए कल्पना की आवश्यकता होती है। कवि कल्पना के आकाश में उड़ना तो चाहता है पर धरती के यथार्थ को छोड़कर नहीं। इसलिए अन्ततः आकाश (कल्पना) से वह धरती (यथार्थ) की ओर ही उन्मुख होता है।

(ग) **सतपुड़ा के जंगल**–हिन्दी कविता में प्रकृति-चित्रण की अत्यन्त समृद्ध परम्परा रही है और विवेच्य कविता उसकी एक महत्त्वपूर्ण कड़ी है। कवि ने अत्यन्त विरल आत्मीयता के साथ जंगल का भावपूर्ण चाक्षुष चित्रण किया है और ऐसा प्रतीत होता है कि उन्होंने जंगल का कोना-कोना झाँक लिया है। इस कविता में कवि ने जंगल के विविध दृश्यों का जीवन्त बिम्ब खड़ा कर दिया है। यह कविता महज प्रकृति चित्रण तक सीमित न होकर एक गम्भीर समाजशास्त्रीय अन्तर्दृष्टि को भी समेटे हुए है।

(घ) **टूटने का सुख**–टूटना यहाँ मुक्ति का पर्याय है। मोह के बन्धनों से मुक्त हुए बिना और अपने भीतरी गाँठों को तोड़े बिना मनुष्य 'इस दिशा से उस दिशा तक' न तो स्वतन्त्र हो सकता है और न नये सवेरे के साथ उसका भाग्योदय हो सकता है। एक नयी दुनिया बनाने के निमित्त मनुष्य को लकीर का फकीर न बनकर अपने जीवन का नया मार्ग आविष्कृत करना होगा तभी तमाम रूढ़ियों के टूटने की सच्ची सुखानुभूति प्राप्त होगी।

(ङ) **चीज़ों का रूप**–'खुशबू के शिलालेख' काव्य-संग्रह की यह कविता कवि के सच्चे व्यक्तित्व की पड़ताल करती है। सामान्यतः बाह्य रूप से ही चीज़ों का व्यक्तित्व सामने आता है पर कवि के असली व्यक्तित्व का पता उसके बाह्य रंग-रूप से नहीं चलता। उसके अन्तर से निःसृत कविता ही उसके व्यक्तित्व की सही पहचान होती है। अतएव कवि को किसी का अनुकरण नहीं करना चाहिए। दूसरों से लेना जरूरी है पर कवि को चाहिए कि उस लिये हुए को वह गला-पचाकर अपने अनुरूप ढालकर ही व्यक्त करे ताकि उसके व्यक्तित्व का अपनापन अक्षुण्ण रह सके।

(च) **कवि**–कवि को जनता विषयक जो बातें उसके मन में आती हैं, उसे जनभाषा में बिल्कुल सादे ढंग से कहनी चाहिए। उसके बोये हुए वैचारिक बीज से जनता के सुख की बेल और पुष्प खिलने चाहिए। जनकल्याण के लक्ष्य से न भटक कर कवि को ऐसे गीत गाने चाहिए, जो सबके लिए वरदान साबित हो जायें। कवि और कविता की शक्ति की बड़ी उम्मीद पूरी करने वाली छवि यहाँ गढ़ी गयी है।

धर्मवीर भारती

(क) **थके हुए कलाकार से**–शिल्पगत प्रवीणता और भाषागत चारुत्व के भीतर प्रवहमान वैचारिक औदात्य इस गीत की उल्लेखनीय विशेषता है। जितनी सुन्दर भाषा, उतने सुन्दर विचार। कवि की दृष्टि में कलाकार वस्तुतः सृजनशील देव स्वरूप है और धरती को स्वर्ग-सा सुन्दर बनाना उसका अन्तिम लक्ष्य है। यह लक्ष्य अत्यन्त कठिन एवं श्रमसाध्य है पर कवि सृजनशील देवता अर्थात् कलाकार से आह्वान करता है कि वह अपने सृजन-कर्म से तब तक विरत न हो, जब तक वह बिना रुके, बिना थके इस धरती को स्वर्ग-सा बनाने का अपना लक्ष्य प्राप्त न कर ले। कलाकार के सृजन-कर्म के रुकने का अर्थ है–जीवन की रोशनी का खो जाना और संसार में अँधेरे का व्याप्त होना। अतएव कवि सृजन के देवता अर्थात् कलाकार को प्रेरणा देता हुआ कहता है कि हो सकता है कि इस ध्वस्त धरा पर ही कहीं जीवन का नवीन स्रोत दबा पड़ा हो। अतएव धरा के अधूरेपन या अपूर्णता से निराश न होकर वहीं से नवजीवन के स्रोतों का अन्वेषण किया जाये। यह गीत मूल रूप से नाश से निर्माण की ओर की सृजनात्मक यात्रा का पथ प्रशस्त करता है।

शब्दार्थ–सृजन = निर्माण कार्य; **ज्योत्स्ना** = चाँदनी; **सुरभि** = सुगन्ध; **तिमिरमय** = अन्धकारपूर्ण; **मूर्छित** = अचेत।

(ख) **गैरिक वाणी**–'सात गीत वर्ष' काव्य-संग्रह की इस कविता में कवि ने अपनी काव्य-वाणी को सात्विक भाव के साथ जोड़ा है। गेरुआ रंग सात्विक भाव का प्रतीक है। कवि का कहना है कि उनकी कविता ने शृंगारिकता का मार्ग छोड़ दिया है। अब उनकी कविता पीड़ितों एवं भटके हुओं को शीतलता एवं आश्रय प्रदान करने का कार्य करती है।

शब्दार्थ–गैरिक वसना = गेरुए रंग का वस्त्र धारण करने वाली; **परिशोधित** = परिष्कृत या बिल्कुल ठीक; **अनागत** = न आया हुआ, अप्राप्य, अज्ञात; **ऋजु** = सीधा, सरल, कुटिल रहित सच्चा, अनुकूल।

(ग) **पराजित पीढ़ी का गीत**–जीवनादर्श और मूल्य एक पीढ़ी से दूसरी पीढ़ी तक कालान्तर में हस्तान्तरित होते रहते हैं, जिनसे देश और सामाजिक जीवन का सम्पूर्ण ढाँचा तैयार होता है। अगर पूर्ववर्ती पीढ़ियों के जीवनादर्श और मूल्य गड़बड़ हो जायें तो देश तथा समाज के सुनहरे भविष्य को गढ़ने का स्वप्न चकनाचूर हो जायेंगे और वे पीढ़ियाँ अपने उद्देश्यों में असफल और पराजित कहलायेंगी। अतएव हमें बिना भटके ईमानदारीपूर्वक मिथ्या ध्येय तथा अनर्थक युद्धों में संलग्न नहीं होना चाहिए, जिससे हमारी आत्मा के दामन पर झूठ का कलंक न लग पाये।

(घ) **बोआई गीत**–यह उस नये जीवन रूपी फसल की बोआई का गीत है, जिसमें समाज रूपी क्यारियों में कवि वीरता और सांस्कृतिक बहुलता से परिपूर्ण नयी चमक और नयी रंगों वाली पीढ़ी को उपजाने की कामना करता है। कवि इस पीढ़ी से जनोन्मुख जीवन की परम्पराओं और स्वस्थ मूल्यों को पल्लवित-पुष्पित होते देखना चाहता है।

(ङ) **विप्रलब्धा**–वह विरही नायिका जिसका प्रिय अपने वादे के अनुसार उससे तय स्थान और तय समय पर नहीं मिलता, विप्रलब्धा कहलाती है। 'कनुप्रिया' अर्थात् राधा ऐसी ही विप्रलब्धा है, जिसकी मर्मस्पर्शी पीड़ा की अभिव्यक्ति इस कविता में हुई है।

(च) **अन्धा युग**–भारती जी के अति विख्यात गीतिनाट्य 'अन्धायुग' के प्रथम अंक 'कौरव-नगरी' का यह रचनांश पूरी कृति के प्रतिपाद्य को ध्वनित करने में सक्षम है। अस्तित्ववादी दर्शन के प्रभाव में रचित इस अद्भुत कृति में कृष्ण के प्रभुत्व के साथ-साथ न्याय, धर्म, मर्यादा, नैतिकता आदि की स्थापित मान्यताओं को प्रश्नों के कटघरे में खड़ा कर दिया गया है। यहाँ एक ओर धृतराष्ट्र को यह महसूस होता है कि 'वैयक्तिक सीमाओं के बाहर भी सत्य हुआ करता है तो गान्धारी को प्रतीत होता है कि 'धर्मनीति, मर्यादा यह सब हैं केवल आडम्बर मात्र' और 'धर्म किसी ओर नहीं था' न कौरवों की ओर और न पाण्डवों की ओर। सभी 'अन्धी प्रवृत्तियों से परिचालित' थे और कृष्ण ने जब चाहा मर्यादा को तोड़ अपने ही हित में बदल दिया। अतएव कृष्ण 'वंचक' हैं। कवि की स्थापना है कि नियति नहीं है पूर्वनिर्धारित–उसको हर क्षण मानव-निर्णय बनाता-मिटाता है। यही अस्तित्ववाद का मूल दर्शन भी है।

शब्दार्थ–गुंजलिका = कुण्डली; **गह्वर** = गुफा; **वंचक** = धूर्त; **परिचालित** = जिसका परिचालन किया गया हो।

रघुवीर सहाय

(क) **पढ़िए गीता**–यहाँ 'गीता' सामन्ती जीवन मूल्यों और आदर्शों का प्रतीक है और 'सीता' उन मूल्यों के अनुरूप गढ़ी गयी आदर्श नारी का। भारतीय समाज का पूरा ताना-बाना स्त्री को इसी 'सीता' रूप में ढालकर आजीवन मौन गुलामी की जंजीरों में बाँधे रखने का है।

(ख) **अधिनायक**–लोकतान्त्रिक भारत का अधिनायक जिस जनता को होना चाहिए था, वह फटेहाल और पस्त है। तो प्रश्न उठता है कि भारत का भाग्य-विधाता कौन बन बैठा है? अपने वास्तविक अभीष्ट से च्युत भारतीय लोकतन्त्र के कटु यथार्थ को यहाँ उजागर किया गया है।

(ग) **पानी पानी**–देश को 'स्वराज' तो मिल गया पर 'सुराज' प्राप्ति का स्वप्न अभी भी अधूरा है। देश के संसाधनों पर कुछ मुट्ठीभर लोगों का आधिपत्य कायम है। फलतः आम जनता अपनी 'बानी', 'अक्षर' और 'पानी' (जीवन के अत्यावश्यक आवश्यकताओं) के न्यायोचत अधिकारों से वंचित है। कवि ने व्यवस्था की इन कमियों को यहाँ प्रश्नांकित किया है।

(घ) **आनेवाला खतरा**–आज के अवसरवादी और स्वार्थी समय-समाज में लोकतान्त्रिक चेतना और तद्जन्य मूल्यों के सम्पूर्ण गिरावट को यह कविता रेखांकित करती है। ऐसे में वस्तुनिष्ठ विवेक और अन्याय के प्रतिरोध की चेतना कहाँ बची रह जायेगी? लोकतान्त्रिक मूल्यों पर आसन्न खतरों के सूत्रधार सत्ता पर काबिज लोग हैं। इस खतरे को समझना आवश्यक है।

(ङ) **हँसो हँसो जल्दी हँसो**–छद्म लोकतन्त्र के इस दौर में निरंकुश सत्ता की छात्रछाया में जनता की खुशहाली प्रकट करने वाली हँसी नकली और बनावटी है। जनता भी संघर्षच्युत होकर समझौतावादी बन गयी है। सत्ता का जनविरोधी चरित्र और जनता की यथास्थितिवाद को स्वीकार करने की प्रवृत्तियों का पर्दाफाश करना ही इस कविता का उद्देश्य है।

(च) **रामदास**–भारतीय जनता का मूल चरित्र और स्वभाव लोकतन्त्र के अनुरूप अभी तक ढल नहीं पाया है। फलतः उसके सम्मुख ही लोकतन्त्र का गला घोंटकर हत्या की जाती है और वह मूकदर्शक भर बनी रहती है। लोकतन्त्र की इसी विडम्बना की ओर कवि ने संकेत किया है।

(छ) **मुआवजा**–वस्तुतः कवि को 'सत्ता' का चारण न होकर उसका विवेकशील आलोचक होना चाहिए। ऐसे विवेकशील कवियों को सत्ताएँ पसन्द नहीं करतीं। सत्ताएँ कवि की रचनाओं के उन अंशों को सिर्फ पसन्द करती हैं जो उसके अनुकूल होते हैं पर कवि के सामाजिक न्याय-विषयक निष्कर्षों से वह दूरी बनाये रखती है।

सुदामा पाण्डेय 'धूमिल'

(क) **मोचीराम**–'मोचीराम' प्रतीक है–समाज के हाशिए पर पड़े उस उपेक्षित श्रमशील सर्वहारा वर्ग के मनुष्य का जो भारतीय समाज में जातिगत पदानुक्रम के साथ-साथ आर्थिक मोर्चे पर भी सबसे निचले पायदान पर जीने को अभिशप्त है पर बावजूद इसके उसके पास जीने का वह सही मानवीय तर्क है जिससे आभिजात्य और भद्रवर्ग के लोग पूरी तरह दूर हैं। यह कविता जमीन से जुड़े निचले वर्ग के मनुष्य की दृष्टि से समाज का वह यथार्थवादी और संवेदनशील 'क्रिटिक' प्रस्तुत करती है, जिसमें 'आँखिन देखी' के अनुभवों द्वारा पेशेवर आग्रहों से ऊपर उठकर मनुष्य को मनुष्य की तरह देखने-सुनने की तमीज होती है।

(ख) **प्रौढ़ शिक्षा**–प्रौढ़ शिक्षा से कवि का आशय जनता की सोच-समझ को इतना परिपक्व और सचेतन करने से है ताकि वह अपने प्रति किये जा रहे शोषण और दमन की पूरी प्रक्रियाओं को समझकर उसका न्यायोचत प्रतिकार करने में सक्षम हो सके।

(ग) **गाँव**–भारत गाँवों का देश है और साहित्य में जब भी गाँवों के वर्णन की बात आती है, साहित्यकार प्रायः वास्तविकता से परे उसकी एक रोमेंटिक छवि प्रस्तुत करते हैं। इसके विपरीत विवेच्य कविता में कवि ने ग्राम्य जीवन की गन्दगी, अभावजन्य जर्जरता, पिछड़ेपन, नैराश्यपूर्ण और बेजान जीवन का कटु यथार्थ प्रस्तुत किया है।

(घ) **रोटी और संसद**–जनप्रतिनिधियों और पूँजीपतियों के गठजोड़ द्वारा किस तरह श्रमशील जनता के उत्पादनों का शोषण किया जाता है, इसका पर्दाफाश इस लघु कविता में किया गया है।

(ङ) **मुनासिब कार्रवाई**–एक छद्‌म और भटके हुए लोकतन्त्र में जब जनता असुरक्षित और अधिकार वंचित हो, तो ऐसे में जन-प्रहरी के रूप में एक कवि की भूमिका क्या होनी चाहिए या उसे कौन सी उचित कार्यवाही करनी चाहिए, इसकी

एक गहरी चिन्ता इस कविता में व्यक्त हुई है। चूँकि कवि सत्ता, शासन और तमाम व्यवस्थाओं का जनहित और सामाजिक न्याय की दृष्टि से विवेचन-विश्लेषण करनेवाला एक ईमानदार तथा संवेदनशील मनुष्य होता है, इसलिए यह उसका उत्तरदायित्व है कि इससे पहले कि पूरा समय-समाज गलत दिशा में अग्रसर हो, वह अपनी धारदार आलोचनात्मक दृष्टि से समाज को सजग-सचेत करते हुए उसे असुरक्षित होने से बचाये।

□□